珍藏本
纪念版

汉译世界学术名著丛书

政府片论

〔英〕边沁 著

沈叔平 等译

SINCE 1897
商務印書館
The Commercial Press

2017年·北京

Jeremy Bentham
A FRAGMENT ON GOVERNMENT
The Clarendon Press, Oxford, 1891.
根据牛津克莱伦顿出版社 1891 年版译出

汉译世界学术名著丛书
（120年纪念版·珍藏本）
出版说明

2017年2月11日，商务印书馆迎来120岁的生日。120年前，商务印书馆前贤怀揣文化救国的理想，抱持“昌明教育，开启民智”的使命，立足本土，放眼寰宇，以出版为津梁，沟通中西，为中国、为世界提供最富智慧的思想文化成果。无论世事白云苍狗，潮流左右激荡，甚至战火硝烟弥漫，始终践行学术报国之志，无改初心。

迻译世界各国学术名著，即其一端。早在20世纪初年便出版《原富》《天演论》等影响至今的代表性著作，1950年代后更致力于外国哲学和社会科学经典的译介，及至1980年代，辑为“汉译世界学术名著丛书”，汇涓为流，蔚为大观。丛书自1981年开始出版，历时三十余年，迄今已推出七百种，是我国现代出版史上规模最大、最为重要的学术翻译工程。

丛书所选之书，立场观点不囿于一派，学科领域不限于一门，皆为文明开启以来，各时代、各国家、各民族的思想与文化精粹，代表着人类已经到达过的精神境界。丛书系统译介世界学术经典，引领时代思想，为本土原创学术的发展提供丰富的文化滋养，为推动中国现代学术和现代化进程做出了突出的贡献。

为纪念商务印书馆成立120周年，我们整体推出“汉译世界学术名著丛书”120年纪念版的珍藏本，寄望既利于文化积累，又便于研读查考，同时向长期支持丛书出版的译者、编者和读者致以敬意。

两甲子后的今天，商务印书馆又站在了一个新的历史时间节点上。我们不仅要铭记先辈的身影和足迹，更须让我们的步伐充满新的时代精神。这是商务人代代相传的事业，更是与国家和民族的命运始终紧密相连的事业。我们责无旁贷，必须做好我们这代人的传承与创造，让我们的努力和成果不仅凝聚成民族文化的记忆，还能成为后来人可以接续的事业。唯此，才能不负前贤，无愧来者。

商务印书馆编辑部

2017年10月

出 版 说 明

英国著名哲学家、法学家和经济学家杰里米·边沁（1748—1832）是功利主义、自由主义政治思想的奠基人。他出身于律师家庭，一生主要从事著述和政治、法律改革活动。

《政府片论》是边沁最早发表的一部著作，也是第一部较系统地将功利原则运用于政治思想领域的著作，因而在西方政治思想史上占有一席之地。

本书在形式上是批判英国著名法学家布莱克斯通（1723—1780）的《英国法律诠释》（一译《英国法释义》）一书的。该书出版于 1765 至 1769 年间，是对 18 世纪中叶英国法律的系统阐述，在英、美两国曾被采用作为大学课本。边沁认为，布莱克斯通对法律的叙述，至多不过是说明法律的现状，实际上是在阐述的伪装下为现状辩护。而法理学的真正职能是对法律制度进行批判，目的在于求得改进。这种批判的标准只能由功利原则提供，即只能以“最大多数人的最大幸福”为标准去判断是非。他通过对该书的批判，对 17、18 世纪启蒙学者所普遍主张的社会契约论、自然法学说提出异议，认为这些学说都是一些已经过时的“虚构”；进而从功利的原则出发，对主权者的权力的性质、来源及其可能采取的形式提出独到见解。他认为，主权者是具有确定性质的一个人或一群人，许多其他的人习惯于对他们表示服从；主权者的权威是无限的，不受法律的限制；主权并非产生于契约，而是产生于服从的习惯，当人们习惯于服从某个人或某个机关时，这个人或机关便具有了政治权威，即成为主权者；人们之所以服从主权者，是因为服从的利益大于不服从的利益。他否认有过什么自然法，认为法律不过是主权者的意志而已。

边沁的理论观点，一方面表达了当时英国新兴工业资产阶级力图从土地贵族和金融资产阶级手中夺取权力，因而强烈要求改革政治、法律制度的呼声，另一方面反映出该阶级对人民革命的恐惧心理。它表明这一新兴阶级已不再需要早期资产阶级启蒙思想家的学说。

本书最初于1776年匿名出版。中译本所依据的是由英国历史学家F.C.蒙塔古(1858—1935)编辑的1891年再版本。此版本附有一篇由蒙塔古撰写的编者导言，该导言对边沁的生平、性格、在立法理论上的贡献，以及《政府片论》的内容作了详尽的评介。

鉴于《政府片论》一书在理论上具有毋庸置疑的研究和借鉴价值，我馆早在近30年前即已组织人力翻译此书。但由于种种原因，只译出了编者导言和边沁的序言。之后，在此基础上，秦力文先生译出第一章(程华校订)；沈叔平先生译出第二至第五章以及编者前言和边沁的导言，并对全部译文作了校订。

商务印书馆编辑部

1993年1月

目　录

政府片论

编者前言

边沁的大量著作已经渐为人们并非不公正地遗忘了。对如此卷帙浩繁，如此具有技术性以及由于思路与风格的奇特而如此经常地遭到误解的著作，确实难于使它重新获得生命。可是，这将是不幸的，如果那些最能代表边沁奇特天资并且在英国的思想领域中曾经留下印记的作品，仍然处在那已死的与无用的资料的重压之下。这些著作中，少数由于篇幅不长可以更易于为人所用。在这些少数著作中，主要有《政府片论》与《道德与立法原理》。后者已由克莱伦顿出版社再版。《政府片论》早已绝版，现在才再献之于众。本版所附的编者导言，是为了说明边沁在思想史中的地位，以及《政府片论》对政治哲学的贡献。

F. C. 蒙塔古

1890 年 12 月于牛津

编者导言

一　边沁的生平

杰里米·边沁于1748年2月15日出生在伦敦亨兹迪奇区红狮街。据说他生在一个地道的托利党家庭，他的父亲和祖父都是律师。他母亲是安多弗地方一个商人的女儿，结婚前的名字叫艾丽西亚·格罗夫。杰里米幼年时身体短小羸弱，秉性沉静勤勉。他3岁多一点的时候就开始学拉丁文，只要能到手的书就贪婪地阅读。这些书中给他印象最深的是他7岁时看的一本费奈隆的小说——《忒勒马科斯历险记》[①]。他后来曾说："我在想象中把自己比作书中的主人公。在我看来，他是品德完美的典型人物。"接着又说："这本小说可以说是我整个性格的基石，也是我一生事业的出发点。我认为功利原理在我心里的第一次萌芽，可以溯源于这部书。"

这一回忆所透露出来的过于少年老成，对边沁说来却是很自然的。他缺乏强壮的体魄与充沛的精力，缺乏这些使一个人童年

① 法国作家费奈隆(1651—1715)的著名小说，取材于《荷马史诗》。小说描写希腊英雄奥德修斯在攻陷特洛伊城后失踪，其子忒勒马科斯为寻父而历尽艰险的故事。——译者

快乐的东西。他曾不断为一些小病和精神过敏所折磨,但却并非不幸福,因为他的双亲似乎都一贯对他慈祥而钟爱。他父亲并不酷爱文学,对自己孩子的性格也没有清楚的认识,但他却温习了希腊文,以便亲自做儿子的老师。这小孩也想法找些小说和诗集来看,由于诗和小说难得见到而更觉有味。"当我拿到一本小说的时候,就把自己当做书中的每一个人物。我想到他们的事情比想到自己的事还多。我曾为理查森所写的《克拉丽莎》[①]哭过好几小时。在很小的时候我就对《吉尔·布拉斯》[②]发生了浓厚的兴趣。我为书中每一个人的幸福而感到幸福,也为他们的不安而感到不安。我非常喜欢《格列佛游记》[③],甚至要保证书中的故事都是真的;保证这不是传奇,也不是浮夸的故事,而是完全的实录。格列佛为了挽救小人国国都而被判死刑时的情节是十分动人的。我非常替他担心,尤其是当他被那些小人绑起来的时候,更是替他担心。当我看到拉普他人[④]的处境时,心中是非常悲哀的。我也很不愿意看到我的同胞被描写成雅虎[⑤]。"[⑥]许多小孩都有过像他这样的体验,但没有人像小边沁那样对于莫里哀和约翰逊怀有满腹的牢骚,说他们没有提供事实。成年人常常把自己成年时的性格

---

① 英国小说家塞缪尔·理查森(1689—1761)的名著,内容是描写少女克拉丽莎的一生,以宣传道德为目的。作者因此书在英国文坛获得了巩固的地位。——译者

② 法国文学家雷萨日(1668—1747)的著名小说,内容是描写一个好心肠而又虚荣懦弱的西班牙人的一生。——译者

③ 英国作家斯威夫特(1667—1745)的著名寓言小说,叙述格列佛船长周游四国的故事。——译者

④ 《格列佛游记》中的拉普他(飞岛)国的居民,性格好幻想。——译者

⑤ 《格列佛游记》中的马的国家(慧骃国)中供马驱使的人形畜类。——译者

⑥ 以上引文见鲍林:《回忆录》。

说成是小时就有的。可是，像边沁这样一个人，在其成年以后的生活中，一方面充满人道主义，另一方面又因为缺乏想象力而无法欣赏艺术或理解历史，上面所说的那种童年的印象，对他说来是很自然的。

边沁7岁时被送入威斯敏斯特学校，一直念了5年。他在学校里的生活是很平淡的。他没有挨过一次鞭子；只是一次为了朋友们的缘故，几乎和一个同学打起来。像他那样一个病态的孩子，只要稍稍有一点烦恼，或是稍稍犯一点错误，心里就会感到十分难受。他不喜欢孩子们的游戏。他的身体太弱，打不了板球，但却参加了一个板球俱乐部。后来的希腊史学家米特福德也是这个俱乐部受人推崇的会员。小边沁感到老师中没有人能理解他的爱好或试图发展他的才能。他长大以后回忆起当年的学校生活，认为那差不多等于是浪费时间。可是他的拉丁文和希腊文写得很好，同学常常请他捉刀。他10岁时就用希腊文给牛津大学基督学院副院长边沁博士写了一封信；12岁时就被认为可以进大学了。1760年6月28日，他在牛津女王学院正式入学。

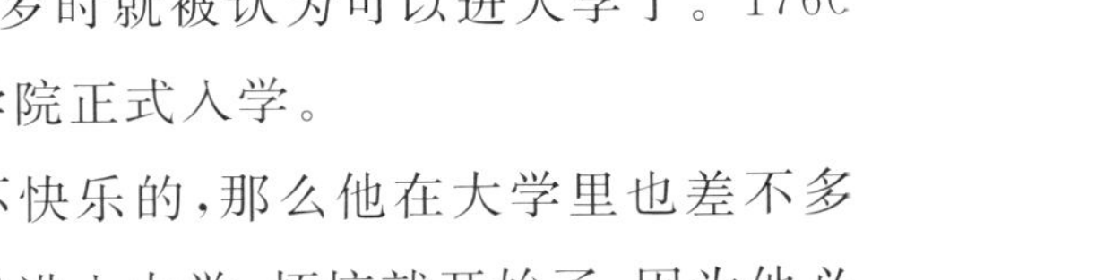

如果说边沁在中学里是不快乐的，那么他在大学里也差不多同样是不快乐的。他刚一正式进入大学，烦恼就开始了；因为他必须为三十九条信纲[①]签名，而他认为除非自己确信纲要所说的全是真理，否则就无法诚实地签名。后来他还是签名了。但他却是以一种早熟的激愤心情签名的。在多年以后写的书中，提到这事，他是深切痛恨的，他认为这是将伪君子作风强加在他的头上，或者

① 英国国教会的信仰纲要，共39条。——译者

至少也是对真理的不负责任。入学的烦恼原是可以对付得过去的,但边沁所得的生活费用很有限,不得不借债度日。更糟糕的是,他的个子仍然很小,穿着大人的短裤和镶边的衣服时,样子很古怪。在大学里的前辈与晚辈中也没有很多他能够喜欢或尊敬的人。他恨他的导师。这人姓杰斐逊。"他唯一关心这个学生的事情就是不让他有任何娱乐。"他叫边沁再念一次西塞罗的《讲演集》,其实边沁已经能背了。杰斐逊的专职是教地理。"有一次他的讲课内容是这样的:'君士坦丁堡在哪里?'然后就用一根棒指在地图上画着君士坦丁堡的地方。"[①]在逻辑概论方面,这位杰斐逊先生是借助于桑德森和瓦茨进行教学的。边沁承认自己从桑德森的书中得到了益处;但他认为瓦茨的书是"老太太的逻辑"。杰斐逊从不用心去理解学生知道什么,或者有多少进步。边沁没有经过他批准,甚至根本没有通知他,就学了数学。杰斐逊的坏脾气,是他自己的特性;他的漠不关心却是导师们的共性。他们大半是"上午做一些无聊的日常事务,到晚上就打牌"。边沁对大学里的前辈普遍下了一个结论说:有些人放荡奢靡,有些人抑郁乖僻,大多数人则是毫无生气的。

在同大学生的交往中,边沁也并不幸运。许多人都是放荡而好酒贪杯。他说过,有一个名叫克罗普的同学,因为行为恶劣而遭到了杰斐逊先生的训斥。杰斐逊先生对那个少年说,"你会把你头发斑白的父亲活活地气死。"被斥责的少年答道:"不会,我父亲戴的是假发。"有一回一个牛津大学的自费生请边沁吃晚饭。请他吃

① 鲍林:《回忆录》

了一顿丰盛的晚餐之后，那位先生却在归途上截住他，揍了他一顿，使他的眼睛上边裂了一大口子。另外有一个大学生常常抓住边沁的脚，把他提起来，让他的脑袋朝下。还有一个秉性温和的同学坚持每天早晨要替他梳头。但听过上述自费生的那桩滑稽的事情之后，再听到这些事情，就不会感到震惊了。他在女王学院又遇到米特福德，可是他认为米特福德只是个庸才而已。这一时期中，可以说唯一使他敬仰的人是安多弗附近的牧师达林先生。边沁在牛津时既藐视那些课程，又不喜欢他周围的那些人，所以生活是苦恼而无所获益的。日后他回忆到这一段生活时，不像吉本那样轻松并有礼貌地抱怨一通，而是痛心疾首地表示愤慨。“我认为谎言和虚伪是英国大学教育的必然结果，而且也是唯一的必然结果。”[①]牛津大学培养出来的名人恐怕没有谁比他更不喜欢牛津了。边沁这一个时期的生活使他性格中的怪僻再难改变，同时使他从学校中所得到的教训也更为牢固，那就是对旧制度的漠视或鄙视，对可能的改革的充满自信的希望。边沁生来就有的这些感情，在教育中得到了加强，并给边沁的全部思想与著作盖上了特殊的印记。

1763 年，边沁进入林肯法学院，并在高等法院法庭中做见习生。这个法庭由曼斯菲尔德勋爵担任审判长。后来他指斥曼斯菲尔德为“极端托利党人”，但那时有好几年曼斯菲尔德却是他“崇拜的偶像”。同一年边沁又回到牛津，听了布莱克斯通的英国法律课。据他自己说，甚至在当时，他就发现了布莱克斯通的几个荒谬

① 《英国国教会》。

之处。1766 年,他取得文学硕士学位,结束了他的大学生活。那时他 18 岁,简直没有超过现在大学一年级学生的平均年龄。他住在城里,同时也到法庭里去跑跑,但是他既无意显达,又没有那种咄咄逼人的魄力来做个成功的律师。他所接到的第一宗案件(几乎也就是他所接的唯一的案件)是关于衡平法的一宗小案件。他劝他的当事人和对方达成和解,因而就省却了一笔诉讼费。他对法律的应用虽然不大关心,对于法律理论却是非常用功的。他对当时英国法律中的缺点,印象日益深刻。于是他开始问自己有没有一个通用的标准可以用来衡量每一条特定的法律的价值。读了休谟的《论文集》以后,他找到了他所要的衡量标准,那就是功利主义原理。休谟提出,道德行为的特征就是产生幸福的倾向;但是人类作为社会动物,是从别人的幸福中自己感到快乐的,所以,他们应当不仅以自己的快乐、而且以别人的快乐作为他们的行为的目的。边沁把这种理论发展成功利主义的道德体系。然而这种体系当时在他心中还没有具备明晰的形态。

边沁最初发表的作品所谈论的事情没有多大重要性。23 岁时,他写了两封信给《伦敦官报》,替曼斯菲尔德勋爵辩护,因为曼斯菲尔德那时受到了愚蠢的无聊文人的攻击。过了几年,到 1776 年的时候,他写了一封信给他的父亲说他正在写一篇论文,题为《法理学批判原理》。过了很久以后,此论文便以《道德与立法原理导论》的书名问世了。这一年他还匿名发表了《政府片论》。此书是由威廉·布莱克斯通的《英国法律诠释》导言中的某些论点引起的。作者匿名,书中有些批评又写得冗长琐屑,但《片论》却得到了相当大的成功。人们把它归之于许多名人的手笔,如曼斯菲尔德勋爵、卡姆登勋爵，以及邓宁，即后来的阿什伯顿勋爵。据边沁自己说，曼斯菲尔德赞扬这本书，因为他不喜欢布莱克斯通。这本书还使谢尔本勋爵亲自来拜访边沁。这是一位学识渊博的政治家，这次拜访奠定了他们之间亲密的友谊，直到谢尔本去世为止。边沁常到谢尔本在湖区[①]鲍伍德地方的邸宅里去住。他在那里认识了很多能干的人和可爱的妇女。很久以后他写道："我从那颗心灵中所得到的感情以及我在那一座邸宅中所结交的朋友，虽然并未使我完全忠实于人类的伟大事业，却也使这种忠诚精神得到了初步的发展。"得到像谢尔本这样一个人的推崇，对于边沁这样一个完全不适于问世的、羞涩和神经质的青年人来说，自然成为希望和信心的泉源。因此，与谢尔本结交就成了边沁一生事业的转折点。在那一时期，边沁还开始跟莫尔莱和达兰贝尔等外国名人通信。他逐渐有了一些亲密的朋友，他们把他看成自己的导师。这些早年的门徒包括林德、威尔逊和罗米利。1780 年他把《道德与立法原理》一书写完并刊印出来，可是没有发表。他自己的思考和朋友们的批评都指出书中存在着种种缺点，因此他决定把此书保留起来，直到订正了以后才发表。他曾把一部未发表的抄本送到鲍伍德去，这时他就无法阻止谢尔本把此书拿在早餐桌上来款待夫人小姐们了。谢尔本还把此书的校样送给卡姆顿和阿什伯顿看，他们两人似乎比那些女士们更加认为这本书的内容很深奥。

1785 至 1787 年边沁在欧洲大陆上作了一次漫长的旅行。他最小的弟弟塞缪尔——杰出的海军建筑师和工程师——在俄国叶

① 英国北部湖泊地区。——译者

卡捷琳娜二世那里已经工作了几年。这一情形促使边沁取道法国、意大利、地中海东岸和君士坦丁堡到俄国去观光。他在俄国住了将近两年，这一段时间他主要是在克里科夫城附近他弟弟的工厂里度过的。他在这里住的时候，写出了《为高利贷辩护》，这是他的短论中最著名的一篇。边沁认为俄国没有多大趣味。一个野蛮民族，经由那富有哲学思想的女皇颁发的御旨而文明化了——这种幻象，如加以细看，便愈来愈模糊了。那种驱使学者去研究原始民族的习惯与观念的好奇心在边沁身上是完全不存在的。长期旅居——远离他所喜爱的一切——使边沁感到厌倦。用他自己的话来说，他是悄悄地溜出了俄国的国土。1787 年 12 月，他到了柏林，取道荷兰回到了祖国。长年在欧洲旅行，对于边沁的思想看来简直没有发生影响，在他问世的著作中也几乎没有留下任何痕迹，这正表明了边沁的特性。他终身是一个分析家而不是一个观察家。

他回到英国之后不久，就和迪蒙认识了，此人在宣扬他的声誉与扩大他的影响方面起了很大的作用。迪蒙是一位日内瓦公民，由于政治纷争而被迫成为流亡者。他是由罗米利的介绍而与边沁认识的。迪蒙不是一位深刻或富于创见性的思想家，但他却是感受新思想敏锐得惊人的奇才。他还有一种条理分明而又生动感人的表达手法，这是深受法国文学与语言熏陶的人所具有的特色。迪蒙自己无法赢得声誉，但他为之效力的两位伟人——边沁和米拉波的名望，他却分有其荣而无愧。1789 年，边沁终于发表了《道德与立法原理导论》。他构思此书达 15 年之久。他在序言里说，继这部导论之后，还要出版一系列的著作，详细讨论法律的各个主要部门。尽管边沁发现即使享有高龄仍然不足以实现他所提的计划，这部导论本身却已充分给他的权威和声誉奠定了巩固的基础。约在此时，法国召开了留名千古的三级会议。当时法国人依然沉湎于建立完美国家的幻想，改革的计划不厌其多。边沁心里马上就产生了一种希望，认为他所喜爱的某些改良观念，终于能以宏伟的规模得到实现。边沁的著作通过迪蒙而被米拉波知道了。布里索则亲自来拜见边沁，边沁以长辈俯就晚辈的神态接受了他的称颂。边沁还将自己几部著作的抄件送给这位法国的文字之交。其中尤其值得提出的是《论政治策略》，亦称《立法议会程序》。这本书在他的《道德与立法原理》的序言中已经说过要写的，它对法国来说似乎特别有用处，因为法国缺乏议会经验，使得混乱一团的政局更为混乱。米拉波和其他有资望的批评家都称赞这本书，然而，它却没有机会作为行动的手册。不久，边沁又向国民议会提出建立模范监狱和济贫院的计划，并表示愿意亲自帮助创办和管理而不取报酬。法国方面授予边沁法国公民的资格以表示感谢他提供计划并愿意帮助，可是此事却一点后文也没有。那时，法国人心情过于兴奋，顾不上改良监狱这类平淡的事情。边沁没有到法国去定居——他是够聪明，或者说是够幸运的。不久，边沁的温和天性所深恶痛绝的暴力统治就粉碎了他的和平改革的愿望。

边沁发表《道德与立法原理》之后不久，萌生了参加议会的强烈愿望。这个问题他和兰斯多恩勋爵（当时称为谢尔伯恩勋爵）讨论过，并以为兰斯多恩勋爵已经答应提名他为选区代表进入议会。后来边沁发现对方没有采取任何步骤来履行他想当然的诺言，便写了一封长达60页的信给兰斯多恩勋爵，申述抗议的意思。兰斯多恩勋爵回了一封很委婉的信，解释他未曾有意作此允诺，而且也不知道边沁想在议会里取得席位。边沁接受了这种解释，放弃了从事政治活动的想法。也许是由于这一步看来有可能损害他的独立人格，所以他经过考虑以后就却步不前了。也可能是他的本能告诉他，作为一个作家他是强有力的，但在下院他却会变得一筹莫展。后来，他又想到了另一个计划，并为它孜孜不倦地工作了多年，这就是模范监狱的计划。他把这种模范监狱称为“环视房”，其中最大的特色是内部的安排使坐在中央的人可以看到每一部分和每一个犯人。“环视房”的平面图出自他的弟弟塞缪尔的精巧构思，在结构和管理的细节上，边沁作了许多改进。边沁原来打算把这种“环视房”作为监狱，但他认为类似的设计也可以适用于贫民习艺所和其他公共机关。解释和推荐这种发明的文字在他已发表的著作中所占的比重是相当大的。这一计划在开始时很受欢迎。1792 年，议会曾经讨论过。1794 年按照边沁的设计图建立一座监狱的法案被批准成为法律。那时还购置了一块宽广的地基，一切都说明这一试验很有希望；然而事情却中断了，据说是因为乔治三世坚决反对。财政部为了补偿边沁为环视房计划所花费的时间和精力，给他一大笔酬金，但这无法弥补他所感到的失望。原先他对自己的计划采用后所能增进的公共福利怀有很多奢望，后来计划不得不放弃时，他就不忍再看自己有关这一问题的文件。他说：“这就像是把关着魔鬼的抽屉打开，使整个屋子都充满了鬼气。”

边沁没有结过婚。他的父亲于 1792 年去世时，给他留下了富裕的生活环境，使他可以毫不间断地为改良法律而工作。他的工作方式很特别。他往往集中精力研究一个问题，直到材料齐备，足以写成论文。接着，批判的精神会提出新的疑问和新的改进，写作的辛劳会使他把著作准备付印的日子推迟；未完的手稿就会保留好几年，往往改写过三四次，而最后还是不出版。如果边沁单靠自己的力量，这种工作方式必然有损于他的影响和声誉。但他发现迪蒙是可以弥补他的缺陷的助手。迪蒙常常把边沁手稿中论证说理的许多大的脱漏填补起来，把冗长的分析予以压缩；把纷繁的头绪加以精简；同时还删除稿中的生硬词句，醇化其中怪僻的思想，最后还添加一点感情色彩。这样一来，就使公众看到一篇题材广阔，条理井然和辞藻华丽的论文。边沁的创作借迪蒙而获得广泛的传播。但迪蒙用的是法文，所以边沁的思想在国外所得到的传播和赞赏比在国内的要多。他的名字在欧美两洲是人所共知的。俄国的官方人物，法国、西班牙和葡萄牙的自由主义者，以及南北美洲人士中都有他的朋友和仰慕者。沙皇亚历山大一世曾邀请边沁帮助改革俄国法典。边沁曾向巴伐利亚国王建议要帮他改革巴伐利亚法典。后来他给希腊的起义者写过信，谴责君主制度。他还为穆罕默德·阿里提供了宪法草案。如此相互表示好意究竟有什么实际成果是很难说的。然而这一切至少使边沁感到自己得到了他人的理解，同时也支撑着他去做没有报酬的工作。

边沁在国内得到的鼓励不如在国外多。他开始感到年岁日增，希望迁移到气候更加温和的地方去。他请求西班牙政府准许他到墨西哥去住。后来，他想卜居于委内瑞拉。这位温文的哲学家具有一种特性，喜欢跑到即将发生混乱的地区去，但幸而他从未实现过任何移居外国的计划。他在英国也并非真的不快乐。他保持了足以进行工作的精力。他虽然很少参加社交，但与故人友情不渝，新交也不乏其人。诚然，兰斯多恩勋爵于1805年去世，使他失去了一位有力而忠实的赞赏者，此人首先发现了他，并且从未背弃过他。1808年，边沁又结识了詹姆斯·密尔。除迪蒙以外，这就是他最得力的门生了。密尔和边沁很快就成了密友，尽管他们的友谊并非没有波折。密尔是一个贫穷傲岸的苏格兰人，自命才高而不甘受人荫庇。边沁虽然笃于情谊而又乐于助人，但却非常敏感而不易和合。他对于密尔那种自负的神情退避三舍，他认为如果密尔是民主主义者，那并不是因为密尔有所爱于多数的人，而是因为他有所恨于少数的人。这两位友人感到交往不宜过勤，有一两次密尔似乎打算完全断交，但事情却从没有发展到真正争吵的地步。

边沁的晚年，除孜孜不倦地进行自愿承担的工作以外，并无其他值得记述的地方。他成了罗伯特·欧文在新拉纳克的企业的合股人——此企业的目的是要使工人的福利和雇主的财富调和起来。他曾劝说友人帮助他开办一个新型的学校。这种学校将传授有别于书本知识的实用知识。他把这种学校称为“精选学校”。但“精选学校”并没有成为事实。西德默斯勋爵掌权时，曾来函向边沁征询法律改革方面的意见。边沁的回答是愿意帮助起草一部刑法，但这次通信并没有得出任何结果。当时的政局使大多数英国政治家对于大规模改良计划的反对态度变得更为强硬。

边沁对这些政治家顽固的保守主义感到失望，于是便全力鼓吹改革。他赞成激进派反对辉格党的议会改革。所有激进派的人都仰望他如同先知一般。他曾和卡特赖特少校[①]以及弗朗西斯·

① 约翰·卡特赖特(1740—1824)，英国议会改革的鼓吹者。——译者

伯德特爵士[①]通信，回信一致对他极口称颂。他成了奥康内尔的朋友，此人是要求解放天主教徒的那派人的领袖。同时他还结交了布鲁厄姆，此人是积极的法律改革者。然而边沁对于当时的政治似乎没有发生真正的影响。仅就他那种独特的表达自己的方式而言便不适于说服公众。恭维他的政治家也不大会求教于一个隐退的学者。但他长期为改革法律而作出的努力，随着埃尔登[②]势力的衰退而开始获得成果。布鲁厄姆能言善辩，不知疲倦地推动法律改革的事业，皮尔[③]也在刑法方面进行了广泛的改革。在边沁看来，议会的提案，尤其是已经通过的部分，都非常不能令人满意。英国的法律改革工作从开始到此时已经60多年，还是这样不完备；已经完成的工作和尚待完成的工作比起来，简直是微不足道。幸而边沁尚能看到他自己的学说至少有了初步的实际效果，这是许多改革家难以幸遇的。

1823年，边沁出资兴办《威斯敏斯特评论》，编辑人员几乎都是他的门生。鲍林是政治部门的编辑，萨瑟恩是文学部门的编辑。詹姆斯·密尔以及后来他的儿子约翰·密尔经常为此刊物撰稿。除了迪蒙改写过的边沁的研究论著以外，《威斯敏斯特评论》上的论文就成了向大众传布边沁学说的主要工具。边沁本人很少为《评论》撰稿。那时他已经75岁，虽然精神矍铄，但全神贯注于频繁的书信往返（包括与世界各地许多最杰出的开明人士的书信往返）以及自己久经思考的立法著作的改写与出版。他那种独特的

① 弗朗西斯·伯德特（1770—1844），英国政治家，鼓吹改革。——译者
② 约翰·斯科特·埃尔登（1751—1838），英国大法官，毕生反对改革。——译者
③ 罗伯特·皮尔（1788—1850），英国首相（1841—1846）。——译者

工作方式在上面已经说过了。晚年他有许多助手帮助他准备出版著作,其中有年轻的约翰·密尔帮他编辑了庞然巨册——《司法证据原理》。边沁一生中大概从来没有像晚年这样快乐而又有影响。1825年访问巴黎时,他得到了最殷勤的接待。一次当他走进一个法庭时,所有的律师都起立致敬,庭长让他坐到自己的右边。福瓦将军向边沁介绍自己,说了一句地道的法国恭维话,他说:"您的精神和著作从您的面容上就可以看出来。"边沁的为人是十分和蔼可亲的,生平几乎未曾树敌。有些人纵使不喜欢或嘲讽他的观点和说法,也没有成为他的私仇。他很少和友人绝交。但在他去世前几年,却和迪蒙发生了隔阂。事情似乎是迪蒙在无意中说出了几句不客气的话,使边沁十分生气,以至1827年4月,迪蒙到他家里去看他时,他拒不相见。他怀疑迪蒙的正统观念,并在他身上看出了辉格党原则的征象。对于专务抽象理论的人来说,辉格党原则比托利党原则是更加可怕的。因此他有点不知感恩地说:"迪蒙对于我的看法一个字也没理解。"

度过80寿辰以后,边沁感到衰老日甚。他的视力已经很弱,自己很怕双目失明。他的记忆力也大为衰退,其他的多种官能都有损坏,只是程度较浅而已。有几个月时间,他一直在期待着天年的终了。1832年6月6日,他毫无痛苦、毫无挣扎地长逝了。在他弥留之际,有一件事突出地说明边沁的特性,不能不加以记述。当他知道死亡已近时,他对守候的一位友人说:"我感到我快要死了,我们要注意的是必须减少痛苦到最小限度。不要让任何仆人到房间里来,要让所有的青年人都走开。他们看到这种情景是很难受的;他们在这里也无济于事。我当然不能单独地留在这里,你得留下来看着我，而且只要你一个人看着我。这样就可以使我们的痛苦尽可能减少到最小限度。”

边沁死后没有下葬。根据他自己的愿望，他的遗体用香料防腐后，送到伦敦的大学学院中去了。现在他的遗体仍然存放在那里，只是早已遮掩起来，不能公开瞻仰了。

二　性格

在详论边沁关于立法问题的著作以前，最好是先看一看他在道德与智力方面最显著的特性。他的性格沉静而和蔼。童年多病，身材比较矮小，成年后，体格强健，他就不再怀有阴郁、或者说病态的心情了，但他仍然非常容易激动，对躯体的痛苦非常敏感。他的生活极有节制，而且经常运动，因此就保持了自己的活力。他不是一个运动家，却爱好户外生活。几乎直到死前为止，始终步履轻捷。他惜阴如命，所以很少进入社交界，也很少阅读批评自己著作的文章。在半个世纪中，他经常每天写作 8 至 10 小时。早晨刚一起床，他就把笔拿在手里。每天写的手稿平均有 10 至 15 对开页。要维持这种写作的速度就必须在一定程度上离群索居，然而边沁并没有真正令人难以接近的地方。他与生人交际时局促不安，和熟人往来则坦率爽朗。他做主人时热诚周到，喜欢看到客人在进餐时愉快欢畅，而且也特别留意设法满足客人的口味。他对友人热心亲切，只是有时爱生一点气，尽管没有谁招惹他。他有一点自负的倾向，因而在他晚年，少数聪明的门徒对他大加称颂，使他听不进他人的评论，而陷于粗鄙的谄媚之中；但这从未严重损害

他的真正价值和美德。

边沁易动恻隐之心，乐于扶危济困。任何事物只要边沁认为有利于造福人类，他就非常关注；从事改革事业，既未给他带来金钱，也未给他带来高位，反而使他屡受讥讽，甚至辱骂，但他仍然为改革事业长期辛苦劳累；由此可见他对人类存心之仁厚。他对低级动物也同样仁慈。有一次他承认自己喜爱一切四足动物。有几只猫特别受到他的爱抚。其中有一只叫约翰·兰博恩爵士，这猫所受的宠爱就像霍奇受到约翰逊的宠爱一样。边沁工作的时候，甚至老鼠也会前来领受他的爱抚，在他膝上大嚼面包屑。这些细微的特性可以说明边沁不是一位毫无情趣的迂腐学究，而是一位秉性和善、富于同情心的人。

然而同情是一个模棱两可的字眼。从某种意义上讲，同情和人道差不多同义。这种同情是一种道德优点，往往体现在慈善家的身上——这些人以心地宽厚而不以知识渊博著称。从另一种意义上讲，同情差不多等于对人性的洞察。这种同情是一种智力特长，一种富于想象力的理智。在某些残酷的政治家和放荡不羁的文人身上，这种特长是显著的。边沁的同情心属于前者而不是后者。他憎恶残酷而倾向于慈悲，以他人之乐为乐，以他人之悲为悲。但他缺乏能力使人们理解与他们自己的思想不同的思想。这种缺陷的征象，表现在他不喜爱诗歌，而诗歌几乎是唯一的不受公式束缚、不受常规限制来表达人的真实面貌的文学分支。更严重的征象是他完全不能理解任何与 18 世纪流行的思想方式不相容的观念、感情、习惯和制度。因此，他便对英国的诉讼程序和判例法不分青红皂白地滥施攻击；因此，他认为当时的英国宪法一点也不比“卑劣行为的遮羞布”好，其实这部宪法缺点虽多，却是一个伟大民族长期以来所实行的最好的宪法。1688年的革命，以从未有过的轻微代价为英国赢得了最大利益，在边沁看来，却不过是“以威尔夫家族代替了斯图亚特家族。在暴力之上又加上腐化而已”。这类过甚其词的说法，无疑说明他缺乏理智方面的同情，而这种同情则是理性批判的唯一基石。

同一缺陷的另一征象是边沁对于别人的苛责。正像大多数头脑清醒而心胸狭隘的改革者那样，边沁对某些弊病，洞若观火，切齿痛恨，因此，凡是支持具有这些弊病的制度的人，他都看做不仅是愚蠢顽固的人，而且是虚伪腐化的人。他不喜欢判例法。因此他断言，法官制定法律是故意篡夺立法权，篡夺的目的是满足律师们的贪婪与野心。然而，判例法无疑只是通过专家来发展法律的一种形式，这是每一个进步社会都有的；而且，法官如能更大胆地立法，而不像现在这样胆小怕事，急于托庇于前人的权威之下，那么，判例法就无疑要比现在好得多。然而，非但官方，连卓越人士也受到边沁的肆意攻击。他认为约翰逊博士是“可怜的传播苦难的禁欲主义者和专制主义工具”。他认为伯克是疯子、煽动者、使用污言秽语的唯利是图的人。在这一类文字中，边沁有时兼有伯克和科贝特两人最严重的毛病，同时又有他们两人从未犯过的文字无力的毛病，因为边沁大肆咒骂时，读者却无动于衷。凡属道德与政治见解和他不同的人，他都肆意攻击；但他这种做法不像伯克那样急躁易怒而又心情苦恼，也不像科贝特那样出身微贱而又未受正规教育可以为我们所体谅。如要体谅边沁，也许最好是记住，他曾不断地思索自己的想法，直到想法成了激情，但因人们的成见

和冷淡而无法发泄出来。此外，边沁缺乏幽默感，几乎不自然地离群索居，这都可以在一定程度上为边沁辩解。但不论怎么说，他这种粗鲁骂人的脾气开罪于人，并使他的后期作品极其难读。

由于缺乏富于想象力的洞察能力，边沁毫不留情地谴责他人，同时又抱着缺乏冷静思考的希望。他满怀18世纪的热情，也就是革新一切事物的热情。他准备独自苦思极虑，想出一个崭新的法律体系和一套崭新的法律语言。他心里充满了富于创造性的计划，并希望这些计划实现之后，能产生最惊人的结果。读了他所写的关于采用他的"环视房"监狱模型将会得到什么样幸福的说明以后，你会忍俊不禁的。监狱的正确构造和正确管理是很重要的问题，通过边沁的著作，确实得到不少的改进。但纵使有一套完善的监狱制度，世界上依然会充满罪恶与痛苦。改革者必须具有乐观开朗的性格，因为他们的工作总是无人领情的。但是，以为技术性改良可以创造出新天地的希望，却是思路有点狭隘的确凿迹象。

边沁那种过度的憎恶与过度的希望，跟他那种丰富扎实的常识、逻辑能力以及他的讲求实际的创造才能对比起来，显得更加奇特。同18世纪许多改革者对比起来，边沁的精明令人惊讶。他懂得若要继续爱人类，唯一可能的办法是不要对他们有什么期望这一句话的意义。他对人性的理论可以归结为人性卑劣的部分远远多于高尚的部分。他认为人们只能追求自己的幸福，每个人自身的利益就是他一切努力的目的。如果说他期望有一种像"千年太平盛世"的时代来临的话，那么他不是期望这种盛世从四海之内皆兄弟这类境界中产生出来，而是期望有一种巧妙的社会安排，使个人利益和公众利益相符合，然后产生千年太平盛世。这种安排是不可能的,它所产生的所谓完美的社会很可能是一个糟糕的社会。不过这位哲学家把希望寄托于这种安排时,不能责怪他忽视了人的自私性。无论如何,他曾在《无政府主义谬论》一文中揭示了人的弱点,其见解之透彻,他那一派的作者几乎是不能企及的。

“我们认为,人们最需要提醒的事情是他们的义务;因为对于他们的权利,不论是什么权利,他们总会自觉地注意到的。”[①]他在另一个地方,以同一笔调,谴责所有含糊不定的权利宣言,认为这宣言容易激起人们目无法纪的强烈感情。“公共安宁的大敌是自私的和反社会的感情——前一种感情对每个人的生存是必要的,后一种则对他的安全是必要的。应当为这些感情担心的不是它软弱无力,而是它毫无节制。社会之所以能团结在一起,只是因为人们能被诱导着牺牲自己的要求,不求完全满足。设法取得这些牺牲是政府永无休止的艰巨任务,这种号称为权利的宣言究竟有什么目的,有什么永久和现实的目的呢?目的是让已经太强烈的感情尽量增长,把约束人们的准绳挣开,并且对自私的感情说:‘看哪,到处都有你们的猎取物!对愤怒的感情说,看哪,到处都有你们的仇敌’。”[②]

对于如此含糊不清以致实际上鼓励每个人声称有权为所欲为的种种宣言的流弊,即使是伯克,也难做出比这更激烈的抨击了。诚然,边沁有时就犯了他在这里所指责的错误,那就是过分信任自然人的欲望。美化自然人,是18世纪流行的谬论。这是不足为奇

① 《边沁全集》,第2卷,第511页。

② 《边沁全集》,第2卷,第497页。

的，因为18世纪是在精神上反对正统的原罪教旨，在现实生活中反对政治制度中比比皆是的愚蠢和粗暴的时代。唯有经验才能证明，然而，并非每个人都能从经验中认识到：自然人和其他任何动物一样，只在冲动的狂热上始终如一，他的冲动有时表现为亲切友好，有时却残酷无情，有时能保全其生命，有时则能毁灭其身。边沁有时陷入那个时代的幻想并不奇怪，令人奇怪的倒是他通常都非常留意严酷的现实。他最常犯的错误是认为：人们毫无例外地受着他们所认识清楚的个人利益的指导。他没有充分地估计到慷慨的美德或盲目的欲望的影响。

边沁把这种平凡的常识和非凡的逻辑力量结合起来。他特别出众的能力是持续的分析能力。这位藐视旧式学术的人却具有中世纪烦琐哲学家的智慧。他特别善于将零乱的材料整理得井井有条，将流行的说法中模糊之处和词句中荒谬之点一针见血地指出来，在这些方面他特别执著且富于技巧。在辨别、下定义和分类等方面，他具有取之不尽用之不竭的才能。他看每一个问题，都好像是列成了表格一样。所有的知识对于他来说都像是“波菲利之树”[①]上永无止境的繁殖一样。每一种思想过程，对于他来说都像是一系列的三段论。他的前提是软弱无力的，然而他的推理却极丰富，这两点都是他明显的特征。他的思想倾向和培根从事观察和归纳时的半文学性半科学性的思想倾向是极不相同的。边沁的视野狭隘，使读者感到有一种模范监狱的气氛，它里面诚然宽敞而

① 罗马哲学家波菲利(约234—约305)将概念排列成树状体系，故有此名。——译者

又卫生，然而毕竟还是被高墙和壕沟围起来了。纵使如此，边沁使一切系统化的严格思想，对于英国的法律改革来说，比一个有开阔思想的人所可能完成的事要更有成效。边沁是第一个把法律当成整体来看、或者把英国法律当成一个体系来批判的英国作家。他是第一个用逻辑的标准来衡量英国法律的人。在《司法证据原理》这类比较精心的著作中，他对法律的各个部门都严格而又细致地加以批判。任何缺点都被揭露无遗，任何漏洞都被指出，任何冗长多余之处也都被点明。这种论文绝不会是易读的，完成了其改革目的以后，也很少有人再去翻阅它们。然而，这些论文对于立法上的错误来说，可以提供至今仍然有力的驳斥，这些论文所完成的工作可以说是一劳永逸地完成了。

除了这种辩证的才能以外，边沁还加上了另一种创造的才能，这在他的事业中也是同样有用的。他制定了一套新的术语，现在已经可以被人们正确地弃而不用了。然而，它却以一些有用的词汇丰富了活的语言，诸如“减少到最低限度”、“法典编纂”和“国际”等。他极喜欢在公共机构的节约方面提出琐细的实际改进的建议。他的这种创造才能，正和许多其他人一样，和他喜爱物理学，尤其是喜爱化学的习性是分不开的。他的弟弟塞缪尔在炮兵工程和造船工程的事业中也表现了同样的创造才能。

三　对立法理论的贡献

边沁以其毕生精力所追求的，并非为他个人的或自私的利益，在这方面他提供了一个范例。改革法律是他一切工作的目标之一。为了研究立法理论,他的确还研究了政治学与伦理学的许多其他分支学科。要界定立法的目的与方法,对于政治社会和主权的性质没有一个清晰而明白的概念是很难办到的。对于这一问题,边沁曾长期思索过。他的主要结论就包括在这里重新发表的《政府片论》之中。很难想象一种立法理论不以某种社会和个人福利的理论为基础;边沁苦心孤诣地精心构思了一套伦理理论,后来这套理论就一直和他的名字分不开了,虽然它最初的前提是从更早和更严格的哲学家那里得来的。要使刑法或侵权行为法完善,就不可能不事先对犯法的各种心理状态进行一番细致的分析,不能不对思想意识和动机,有意和漫不经心,以及疏忽和恶意作出精确的定义。因此边沁对这些细致的心理问题进行研究。在他的《道德与立法原理》中,这种研究占了很大篇幅。要使法律适合于商业与工业的需要,就不能不求助于经济学。所以边沁写了一本《政治经济学手册》以及其他一两篇经济学论文。最后,要系统阐明法律,形式逻辑便是一种有力的工具。因此,边沁写了几篇着重谈论形式方面的逻辑的论文。在所有关于政治、伦理、心理、经济和逻辑的探讨中,边沁都力图对自己终身致力研究的课题——有计划的法律改革有所阐明。严格地说来他并不是一个伦理学家、心理学家、经济学家或逻辑学家。不能用我们衡量这些专家的标准来衡量他。我们只能把他看做研究立法问题的理论家。

边沁晚年,有一小群聚集在他周围的崇拜者说他不但发现了而且完成了立法的哲学。这种愚蠢和夸大其词的阿谀只能造成误解。边沁肯定没有完成立法的哲学,甚至还没有发现立法哲学。且不说古代或希腊的乌托邦计划,立法理论是18世纪流行的学术研究之一。当时,前两个世纪让许多国家陷入混乱的宗教战争已经平息,人们有闲暇来考虑世俗的改革计划。旧的法律已经大量地累积起来,然而还没有进行过修订。它们像一副千斤重担压在新时代身上,使人透不过气来。早在边沁开始写作以前,在欧洲大陆上就有人积极地探讨立法理论了。这方面的名人有几个至今仍闻名遐迩,例如孟德斯鸠和贝卡里亚。评论边沁时如果不略为介绍这些伟大的作家恐怕是不够全面的。边沁取材于他们的地方虽然很少,而且他把借用的材料都消化为他自己的东西,然而他从他们的鼓舞人心的热情中获益良多。他自己的研究方法也只有和那些人所用的方法做比较才能得到最好的说明。

查理·路易·德·色贡达,拉柏烈德和孟德斯鸠男爵[①]出生于1689年1月。他的生日几乎正好是英国光荣革命的日子。他死于1755年2月,那时边沁还是一个小孩子。孟德斯鸠是一个贵族,同时也是一个法学家。在他任波尔多议会议长的10年中,以及后来成为作家时,人们都称他为孟德斯鸠议长。他第一部有影响的作品是《波斯人信札》,出版于1721年。这书借一个到处游历以增长见识的波斯人的口,对欧洲的宗教、政治和道德提出批评。1734年,他发表了《罗马盛衰原因论》一书。这些作品现在读起来还很有趣。不过,使他的名声流传后世的杰作,是他在1748年发表的《论法的精神》,只有这本书与我们的论题有关。这本书虽然仍有人加以评论,然而却很少有人去读它;书中关于法律的范畴与

① “查理·路易·德·色贡达,拉柏烈德和孟德斯鸠男爵”是孟德斯鸠的全名。——译者

宗旨的论述几乎已被遗忘。作者把这两点用一段文字写得这样出色，值得在这里全部引述。这是对于法律的性质做历史性研究的开端。

“一般地说，法律，在它支配着地球上所有人民的场合，就是人类的理性；每个国家的政治法规和民事法规应该只是把这种人类理性适用于个别的情况。”

“为哪一国人民制定的法律，就应该恰好适合于该国人民；所以一个国家的法律，几乎不可能适合于另一个国家的需要。”

“法律应该同已建立或将建立的政体的性质和原则相协调，不论这些法律是组成政府的政治法规，还是维持政体的民事法规。”

“法律应该和国家的自然状态有关系；和寒、热、温的气候有关系；和土地的质量、形势与面积有关系；和农、猎、牧各种人民的生活方式有关系。法律应该和政制所能容忍的自由程度有关系；和居民的宗教、癖性、财富、人口、贸易、风俗、习惯相适应。最后，法律和法律之间也有关系，法律和它们的渊源，和立法者的目的，以及和作为建立法律的基础的事物的秩序也有关系。应该从所有这些观点去考察法律。这就是我打算在这本书里所要进行的工作。我将研讨所有的这些关系。这些关系综合起来就构成所谓‘法的精神’。”①

上述著作所说的和边沁关于立法问题的著作所说的大不相同。

① 参阅《论法的精神》中译本，上册，第6—7页，商务印书馆，1978年版。——译者

第一，孟德斯鸠的方法是历史的。边沁很难理解孟德斯鸠所认识到的真理，即：在每一个社会中各种法律都必须和整个政治组织相对应，而此政治组织必须和那个社会的特征和环境相对应。孟德斯鸠说，“为哪一国人民制定的法律，就应该恰好适合于该国人民；所以一个国家的法律，几乎不可能适合于另一个国家的需要。”这句话也许说得有些过火，却阐明了一个深刻的真理。一个国家的宪法是不能随意挑选的，它不像一套衣服那样，想穿就穿，想脱就脱，即一个国家高兴怎样干就怎样干。宪法必须表达该国人民的特征，它是为人民而存在的。如果这种宪法的历史由来已久，我们就可以肯定，不论这种迹象是怎样的隐约不清，它总是现在或过去以某些方式和这个民族的能力与需要相适应。同时，由于每一个社会都有自己的宪法，所以每一种个别的法律都必须和这个宪法相适应。无论是公法或私法，都必然带有民族特征的烙印。

孟德斯鸠通过应用这些真理和说明这些真理，在某种程度上预示了历史的探讨方法。在近代，用这种历史探讨的方法，使我们能够解释外国民族和远古时代的宪法。孟德斯鸠解释历史的能力，对他那个时代的作家来说近乎神奇。这种接受历史教训的看法使他所提出的改革建议增添了一种清醒严肃的意味。他的谨慎精神有一部分无疑是出于害怕受到惩罚。在法国，纵使是对于公认的流弊提出正直和温和的批评，也可能遭到这种惩罚。但主要地说来，我们可以把这种精神归之于更高尚的根源。孟德斯鸠对世事的经验原来就非常丰富，又因对历史做了广泛研究而更为练达，他知道，即使在法国的制度中也有一些值得珍贵的东西。他要谴责某些具体的流弊，却不会去攻击整个社会结构。他对未来抱着希望，但不是那种会使卢梭的门徒们手舞足蹈的“千年太平盛世”。这种清醒的思维，有损于他眼前的声望，缩小了他直接影响的范围，然而，深知撰写政治著作艰辛的人，都对《论法的精神》称赞不已。

第二，孟德斯鸠的作品缺乏一贯性、条理性和彻底性。他在运用历史方法时，常常是粗糙而又笨拙的。他经常轻率地接受证据，而叙事又不够准确。他往往用一些随手遇到的历史记载来支持他的理论，而且在这样运用时对这些历史记载作了完全错误的解释。他对各种形式的社会与政府也常常形成过分简单的和对称的概念。他对对句和警句的酷爱使他往往无辨别能力，于是试图把原无区别的事物加以区别，并把并非互相对立的事物对立起来。他的话常常离题，纵使是在题目以内，他的议论也没有严格的条理。一般说来，他是才华横溢而又富有启发性的，但往往未能尽如人意，有时还表现得很幼稚。

孟德斯鸠，既由于他的长处，也由于他的短处，把历史和对制度的批判混淆在一起。他有时明确地提出立法改革的措施，但更多的是仅仅加以暗示。他的许多观念后来在法国和其他国家都被接受了。但是，孟德斯鸠对后世立法发展的影响，出自肯定的建议方面的较少。使新的一代更受鼓舞的是他那自由批判精神和宽厚的人道主义。他对法律改革的功绩应当用他门生的成就来衡量。

这些门生中最有名的是恺撒-博尼撒纳，贝卡里亚侯爵。他是立法理论方面第二个最杰出的作家。1738 年 3 月 15 日他出生在米兰，于 1794 年 11 月 28 日去世。他虽然出生于意大利，又在帕尔马的耶稣会学院受过教育，然而他第一次的灵感却是从孟德斯鸠的《波斯人信札》中得到的。他晚年又成了百科全书派的门徒。他写过许多有关立法和政治经济学的书，但我们注意的只是《论犯罪与惩罚》一书。他冒着一定的风险去批评他生活于其下的制度。他先把这篇论文的一些部分向米兰的一个学者团体宣读，之后应这些人的要求将其出版，但并未署名。该书出版于 1764 年，问世后轰动一时。在 18 个月中用意大利文连出 6 版。后来又被译成欧洲各种文字，其中包括希腊文。俄国的叶卡捷琳娜二世下令把这篇论文转载在她的法典中。但此书同时也招致某些法学家和神学家强烈反对。这事使贝卡里亚感到吃惊，并可能迫使他没敢再写任何其他可以流传后世的立法著作。

现在让我们谈谈《论犯罪与惩罚》这部名著。初看起来，我们也许会为此书获得那样大的声誉并产生那样大的影响而感到诧异。它只是一本包含短短几章的小册子，又不自吹什么逻辑方法和渊博学识。可是，它自有优点，那就是它把人们对当时损坏刑法系统的荒谬而残酷的行为的日益增长的愤怒，大胆而自由地表达出来。

贝卡里亚在导言中说："如果我们看一看历史，就会发现法律是，或者应当是人们在自由形态下彼此之间的契约，然而它们绝大部分已经成为根据少数人的情感，或者偶然的原因，或者临时的需要而制定的。它们不是由那些对于人性做过冷静考察的人制定的，这些人知道怎样把众人的行为归结为一点，他们只考虑一个目的，即最大多数人的最大幸福。"这句话可以写在边沁全集的前面，其中的结束语被边沁当做终身工作的座右铭。贝卡里亚在以后的一段话中又提到了同一思想。他说:"如果人生的善与恶可以用一种数学方式来表达的话,那么良好的立法就是引导人们获得最大幸福和最小痛苦的艺术。"我们看到,边沁正是从这里得到启发,提出细致而周详的关于快乐与痛苦的计算法的。但这两位作家更令人惊讶的相似之处却是他们的具体建议。

贝卡里亚主张制定一种测量罪行的尺度。第一级的罪行包括直接企图瓦解社会的罪行,而最后一级的罪行包括使任何社会成员可能遭受的最小的不公道待遇。因为罪行只能根据它对社会的危害程度来衡量。贝卡里亚提出了如下罪行分类的框架:

1. 直接破坏社会或其代表者的罪行(如各种形式的叛国罪)。

2. 侵害个人生命、财产或名誉的罪行。

3. 违反有关社会一般福利法规的罪行(问题:是否包括违反卫生条例或违警法?)。

接着贝卡里亚建议订立一种和罪行尺度相适应的惩罚尺度。他的惩罚理论和边沁的无大出入。他的最重要的原理和边沁的一样。他说快乐与痛苦是有知觉动物的行为的唯一泉源。惩罚仅仅是预防性的,而且只有当它所引起的害处大于犯罪中所可能得到的好处时才能生效。惩罚制度应当订立得使罪犯所感到的痛苦最小,而使其他人所受到的影响最大。为了达到这一目的,我们就必须尽一切努力加强罪与罚两个观念之间的联系。取得这个效果的方法之一是把惩罚定得明确;另一方法是使惩罚在犯罪后尽快实现;第三种方法是使惩罚的性质与罪行的性质相似。大多数的读者也许会认为贝卡里亚把罪行与惩罚相似的好处说得太过火了。他诚然没有把这一点运用到谋杀案件上;因为贝卡里亚和边沁一样都反对极刑。但对于损害公民名誉罪,他主张用使犯人出丑的刑罚。对侵犯财产罪,他主张罚款。然而盗匪大多没有财产,所以对他们最恰当的惩罚是:“处以某种奴役,使社会在一定时间内对犯人的人身与劳动加以绝对控制,以便用这种强制办法迫使他赔偿他违背社会契约,使用不公正的暴力所生的损害。”在这一段话里,我们可以找出劳役制度的萌芽。对于以暴力行劫的人,贝卡里亚主张用肉刑。对危害公共安宁的人,他主张放逐。但他却谴责财产充公的办法。他总结他的理论如下:“为了使惩罚不至于成为某一个人或许多人对社会某个别成员施用暴力的行为,它必须是公开的、直接的和必需的,在处理案件中依法量罪定刑时,应采取最轻的一种刑罚。”

贝卡里亚不赞成把赦免权授予国家元首。这种权力虽然可能减轻坏法律的恶果,但也必然会损害好法律的善果。在这种学说中,我们也可以找到在边沁著作里经常出现的同样的信念,即相信法律可以被制定成适合于每一特殊案件的需要。这种信念对于一个脱离实际的法律理论家来说是很自然的。贝卡里亚很公正地指出,受害者的宽恕不能成为让犯罪者逍遥法外的逻辑根据。他认为轻微的犯罪行为可以因时间过得太久而不受起诉,但重大的罪行不在此列。在他那个时代,宗教避难所①的制度仍存在于许多天主教国家中,他认为这对于社会的普遍利益是有妨碍的。但是,他却倾向于听任逃出国境的犯法者在邻国取得避难权。他认为国家与国家之间交换罪犯的协定的作用,在刑法没有彻底改革以前

① 在天主教国家中,罪犯如逃至教堂的避难所以后,就不得逮捕。——译者

是值得怀疑的。他还认为,一个民族越是野蛮,刑法也就应当越加严厉。

贝卡里亚对英国的制度似乎也曾用心研究过。他认为陪审制度是一个值得赞赏的制度,他极力赞成对陪审员表示异议的权利。他谴责秘密控告和秘密审判的办法,当时在英国甚至听都没有听到过这种办法,虽然在欧洲大陆是常见的事。他还反对刑讯逼供。

关于法官的职责和证人的可靠性问题,他的看法和边沁坚持宣扬的看法一样。他认为法官无权用限制或扩大的方式解释法律。他写道:“在每一个刑事案件中,法官都必须按照三段论证法来推理。大前提必须是普遍的法律,小前提是行为符合或不符合该法律,结论是释放或惩罚。”在这里我们又看到前面提到的他的信念,即认为一种完备详细的法律是可能产生的。关于证人的可靠性问题,他和边沁在一般原则上看法是一致的,即认为不能由于特殊环境影响了证人的可靠性就绝对排斥这个证人。证人的可靠性只应当随着他和被告之间所存在的仇恨、友谊或联系而减少。贝卡里亚认为,需要证明的罪行凶恶程度愈大,证人的可靠性就变得愈小。因为凶恶的程度愈大,发生的可能性就愈小。他甚至说,如果被告的问题是有关言语的问题,那么证人的可靠性就等于零。他的这句格言,同他的另一句格言——一个证人不足以支持一个有罪的判决——一样,对法律公正的破坏往往要超过对法律公正的保证。

可见,早在边沁对这个问题发表任何著作之前,孟德斯鸠和贝卡里亚就曾提醒思想家注意法律的改革。边沁当然熟悉他们的著作。可是他还是有资格享有有独到见解的研究者的殊荣。边沁对孟德斯鸠的确是不同意的。孟德斯鸠倾向于历史的研究，而边沁则一向认为历史并不比一种过时的编年表强多少。边沁在《时间与地点对立法问题的影响》一文中，的确承认过孟德斯鸠的历史方法的价值。他说："在孟德斯鸠以前，一个人如果要为一个遥远的国家制定法律，他可以把此事很快做完。……在孟德斯鸠以后，一个立法者所要求阅读的文献数量，就大大地增加了。他会说：'让那个民族到我这里来，或者让我到他们那里去；把他们的生活与谈话的全部方式告诉我；请描述那个国家的地理状况；让我尽量仔细地了解一下他们的现行法律、风俗习惯与宗教。'"[①]对孟德斯鸠的称颂，也许再也找不到比这些话更为公正和恰当的了。但在《论法律的颁布》一文中，边沁对孟德斯鸠却提出了一种极不相同的批评，而这却更符合他自己的思想习惯。他说："立法这门科学虽然进步很少，但是却比读孟德斯鸠的著作时所得到的印象要简单得多。功利原则使所有的推理归宗于一，关于具体安排的推理，都不外是功利观点的推演而已。"[②]这段话表达了边沁自己著作的指导思想，即抽象的功利原理几乎在所有的情形下都可以作为批判制度的充分而有力的指南。孟德斯鸠的作品中的主导思想，却刚好与此相反。

由于思想倾向相反，边沁注意逻辑观念就像孟德斯鸠注意历史事实一样。边沁不无理由地批评道："孟德斯鸠开始的时候是准备行使检察官的职责的，但远在得出结论以前，他却好像忘记了他

① 《边沁全集》，第1卷，第173页注。

② 《边沁全集》，第1卷，第162页。

的初意，放下检察官不做而当起考古学家来了。”[①]这种前后矛盾的情形，在边沁是从未有过的。他极端藐视现存制度，所以绝不会忘记叙述他坚信自己已经发现的完美制度。同时，边沁还看出，孟德斯鸠对于一些陌生的制度的解释是十分武断和凭空想象的。诚然，孟德斯鸠挖空心思去解释的制度，其实只是在那些思想紊乱的、轻信的或胡说八道的旅行家的想象中才存在着。

边沁对贝卡里亚深表同情，因为贝卡里亚和他一样，首先是一个改革家。边沁称贝卡里亚的论文为“第一部贯彻批判精神的著作”。边沁的最重要的原则和他的立法的方法，大部分获益于贝卡里亚。正像对其他借鉴的思想一样，边沁对这一点光明磊落地予以承认。如果我们利用他的坦率来贬低他的创作性的话，那我们就错待边沁了。他绝不仅仅是一个抄袭者，绝不是仅仅热心于描述前人所留下而未完成的少许细节的人。贝卡里亚指出了许多原理，然而都只是提出而未详论。边沁却以惊人的毅力抓住了这些原理，对它们作出十分清晰的定义，并且由此得出无数的推论。贝卡里亚只限于讨论刑法，而边沁的改革计划却包括了法律的全部领域。边沁从贝卡里亚那里所得的益处，仅仅和任何能干的研究者从本门学科先行者那里所得的益处一样。

现在让我们回过头来谈谈边沁自己在立法理论方面的工作。他的精力都被用来推动两大改革：改革法律的本质和改革法律的形式。在法律的本质方面，他力图运用自己检验各种制度的一般标准来加以矫正，这标准就是：为最大多数人创造最大幸福的能

① 《边沁全集》，第1卷，第150页注。

力。在法律的形式方面，他所企望的改革是坚持编制法典。评论家对边沁必须考虑这样两点：第一点是，用普通语言所说的检验标准“最大多数人的最大幸福”的确切的性质是什么，它对于法律的订立有什么价值。第二点是，边沁所理解的法典编纂的价值是什么。至于边沁所提出的各种改革的细节，在一篇短文中是无法探讨的。

根据边沁的说法，对现存制度的检验标准和新制度的规范，便是功利原则或最大幸福。在他看来，这是伦理的同时也是立法的指导原理。他对于自己的道德理论，从没有公开做过全面的阐述。而他的《义务论》，还是他的遗稿保管人鲍林，根据得到的一些文稿编纂出来的。至于《义务论》是不是能确切代表边沁所有的看法，一直是个疑问，而且对于我们所要判定的问题也不十分重要。他的道德哲学中的首要原则，已人所共知无须争辩了。唯有那些作为立法原则的推论才是重要的。边沁首先是一个法律改革家，其次才是一个道德理论家。因此，他的道德体系中的细微之处，纵使可以精确地加以叙述，也与本题无关。

边沁采取功利的标准，使他受到了过分的赞誉，同时也使他受到了过分的责难。人们把他奉为功利原则的发现者，然而这一原则绝不是他发现的。自从开天辟地以来，功利或幸福，不论是在公众的制度中，还是在私人的道德中，一向是公认的目的。他一直被人骂为粗俗的行为理论的宣教者。然而，认为幸福就是最大可能量的快乐，再加上最小可能量的痛苦的原理，并不是他首先提出的。这个原理是整个英国心理学派的理论基础。人类的行为唯一可能具有的目的是幸福，这对于整个英国道德哲学学派来说，是一条自明的真理。从这些前提中可以得出以下推论:各种意向和行为都可以根据它们究竟是产生快乐还是产生痛苦这一标准来加以评判。休谟将产生幸福的倾向取名为功利,并且指出:人类的社会本能,使人们在判断一种行为的功利时,不但要看它对于人们自身幸福的影响,而且还要看它对于他人幸福的影响。我们在这里便有了功利主义的一切要素。留给边沁做的只是把休谟的理论结合到贝卡里亚的公式中去。“最大多数人的最大幸福”——这个前面我们看到的为贝卡里亚所采用的公式[①],后来又被普里斯特利在他的《政府论》中,用来描写一切政治制度的正当的目标。这个小册子出现在1768年。边沁正好在那一年到牛津大学来为选举这个大学的一名委员参加投票,他在女王学院附近哈珀咖啡馆附设的一个小型巡回图书馆里看到这本书。此书对他产生了一个不可磨灭的印象。“由于这个小册子和其中的这句话,我的关于公众道德的和私人道德问题的原理就确定了。我从这小册子的这一页上找到了这一句话,其中的词句和含义已经广泛地在文明世界中流传。当我看见这句话时,情不自禁地喊起来,就像阿基米德发现了流体静力学的基本原理时那样,大喊‘我发现了’。那时我一点没有想到,几年后再细读它时我感到引用这个原理还必须加以某些修正。”[②]

边沁有时把他的原理说成是最大多数人的最大幸福,有时又简单地说成是最大幸福的原理,最后他还是倾向于选用后一个公

① 博纳先生曾向我指出:“最大多数人的最大幸福”一语在哈奇森的《对我们的美与美德观念的探讨》一书第185页上(1753年,第5版),就已经使用过了。

② 《义务论》,第1卷,第300页。

式。看来他选用后一个公式好像是由于想使含义表达得更加明白，而不是想变更他的首要原理。把幸福当成至善以后，他就把最大量的幸福作为法律与道德的真正目标。这种最大量幸福可能是少数人所享受的集中的幸福，而不是多数人所享受的分散的幸福。在抽象的意义上，他会认为这是有可能的。他之所以不谈最大多数人，似乎就是受到这一抽象可能性的看法的影响。但他始终认为，实际上最大量的幸福只有采取措施，谋求最大多数人的幸福时才能达到。因此，他一定会这样想过：作为实际生活的指南来说，简短的公式和完整的公式是相等的。完整的公式的确是人们最常提到的，所发生的力量也是最大的。基于这些考虑，就使我们有理由在本文的讨论中交替地使用这两个公式。

实际上，对边沁的道德哲学做这样冗长的讨论，会使人迷失方向。他的道德哲学，从根本上说，不多不少正好是当时所流行的道德哲学。那时的伦理学所呈现的性质，初看起来，对自私和慈善无法解释。这种伦理学千百次地重复边沁在《义务论》中一句坦率的话："侈谈义务实际上是没有用的……因为每一个人都在关心着利益。"然而这种伦理学又认真地坚持对于人类必须仁慈而慷慨。任何企图解决这一内在矛盾的逻辑努力，都多少是牵强附会而且不能令人满意。然而，那些广泛流行的、对世事具有巨大影响力的道德体系，绝对不是科学的体系。它们之所以能流行，是因为肤浅；之所以有力量，是由于表达了某一个特定时代最强烈的本性。在18世纪，最活跃的时代本性是反抗神学的专制与反对社会的不公平。因此，流行的道德理论，用最粗浅的方式来说，就是主张人有在现世享乐的权利以及每个人都有权以同等的机会享乐。这一道理,正像更早时代的道理一样,产生了自己的先知、殉道者、迫害者和怪异人物。它也将像以往的那些道理那样会平静地销声匿迹。我们无须责怪边沁,因为他生活在那样的时代,就把这种流行的道理看成是当然的道理了。

边沁在立法方面的著作中,并没有论证功利主义的伦理体系,他认为这是无可置疑的。然而,立法者应当追求最大多数人的最大幸福这一命题太过于模糊了,以致不能起多大的实际指导作用。我们还必须有计算幸福与痛苦的一些方法。边沁清楚地看到,如果不发现这种计算法,他的理论就是不完整的。努力建立一种伦理的计算法,即计算快乐与痛苦的算术方法,在边沁的学说中,比他关于幸福是行为的目的的一般论述更具特色。然而,我们已经看到,建立这种计算法的尝试,在边沁之前并非没有先行者。

"我记得非常清楚,最初我是从贝卡里亚论犯罪与惩罚那篇小论文中得到这一原理(计算快乐与幸福的原理)的第一个提示的。由于这一原理,数学计算的精确性、清晰性和肯定性才第一次被引入道德领域。这一领域,就其自身性质来说,一旦弄清楚之后,它和物理学(包括着它的最高级部分:数学)同样无可争辩地可以具有这些性质。"[①]这种计算法必须有材料,边沁提供的材料就是把快乐与痛苦以及影响感受程度的原因用表格形式表达出来的材料。这些表格的概念,似乎已由哈特利在1749年所出版的《论人》一书提出过。然而这些表格从没有像边沁这样细致地拟制出来。为了达到他的计算意图,边沁只谈量,以便有别于快乐与痛苦的性

① 《边沁全集》,第3卷,第286—287页。

质。他避免了绝大多数功利主义者所陷入的自相矛盾，即认为一种快乐高于另一种快乐。所谓较高级的快乐往往具有一定的量的优越。这种快乐对身心无害，不会产生后悔，也不会使我们鄙视或仇视邻人。边沁对这些优点可能而且的确考虑到了。在他的体系中快乐是行为的目的，但他并没有用与快乐无关的理由来作为衡量快乐标准的基础。他说，为快乐而快乐就可以把按图钉的游戏[1]看成像诗一样美好。借助这种观点，他就使快乐与痛苦的计算不像在其他情况下那样无法进行。

然而，严格地说来，快乐与痛苦的计算仍然是不可能的。用边沁的计算法，无法得到准确的结果，因为对快乐与痛苦不能作出数字的评价。快乐与痛苦没有任何肯定的或恒常不变的东西。它们绝不是简单的，其中绝大部分都是复杂到说不清的状态，它们不但具有多种多样的要素，而且它们的结构也非机械的。艺术家告诉我们说，肉色是由红色、黄色和白色混合而成的；然而这一叙述并不能为土星上的居民生动地说明我们的面色是什么样子的。心理学家告诉我们说，一项仁慈行为的快乐，包括慈爱感情的满足，追求名誉的满足，表现力量的本能的满足；然而这一种说法，对于不具有正义感或人类感情的人来说，并不能使他明了这种快乐是什么。关于我们与我们人类伙伴共有的感情，我们知之甚少，然而这种知识无法从各种因素的计算中得到。它是从我们的共同天性中意识到的，并且是从生活的经验、观察、阅读以及同情的回想中得出来的。这种知识一部分是天生的，一部分是从一种难以言传的

① 小孩子玩的一种游戏。——译者

过程中发展出来的。没有这种感受力,任何人都不能从事大规模的立法工作。有了这种感受力,一个人便会具有更多的关于人类感情的知识——要比任何关于首要或次要的影响、动机或感情的衡量表格所能提供的知识多得多。这些表格,作为立法的辅助工具,充其量不过是次要的和备忘性的,它们有时可以使你避免疏忽或夸大。要变得聪明是没有什么捷径可寻的,天才开始的地方正是计算法终止的地方。

坚持立法者应当力图保证最大多数人的最大幸福这句格言和要把契约法和证据法中次要的法规加以校正,这两者之间的鸿沟如此之大,以致想越过这条鸿沟以便实际运用,绝非易事。这一格言对立法将产生什么效果,大部分取决于立法者认为适于采用的起中介作用的原则的性质。在这个问题上我们可以认为,迪蒙的立法理论表达了边沁的看法。边沁把安全与平等作为中介原则。希望保证幸福的立法者,可以通过维持安全和提倡平等来达到这个目的。如果安全的要求与平等的要求发生冲突,根据边沁的说法,应当保留的永远是前者。边沁认为安全是人类幸福的首要的重于一切的条件。正是由于这种需要安全的深刻意识,使边沁的著作在某种程度上弥补了缺乏历史领悟力的缺陷。这一点,使他免除了急躁的逻辑家与慈善家天性中的革命精神。这一点,促使他选择了一种新的制度,这种制度在逐渐发生作用的过程中可以消除他认为有害于共和国的因素。因此,边沁就主要依靠取得财物的自由,以及在财富所有者死后平分其财产的办法来达到他所企望的更为平均的财富分配。因此,他大力指责我们这个时代喧腾一时的许多措施:诸如不大考虑满足国家的需要,一味敲诈勒索某些阶级公民的税收法，把某些财产充公的办法，官方不付赔偿的查禁措施，以及雇用不再需要的人员。他认为这些权宜办法从两方面来说是有害的。第一，受损失的个人所遭受的痛苦，比社会上其余的人因减轻了这一小小负担后所能获得的幸福要大得多。第二，如果你在任何个别地方侵犯了安全原则，就不可能不使它在所有的地方都遭到损害；而每当安全原则被损害时，财富和所有其他幸福的条件便都付诸东流了。一个人如果要制订任何生活计划或从事某种不能立即见效的工作，安全是绝对必需的。“仅仅保证一个人目前无实际损失是不够的，还必须尽量保证他在将来不受损失。我们必须把有关他的安全的观念延伸到他所能想象到的一切方面。”没有边沁所说的预期的安全，人们就不可能去做任何事，也不可能做成任何事。

法律一旦承认了这些预期，就必须支持这些预期。如果它宣布这些预期无效，就必须对经受失望的个人给予补偿。如果任何一种改进了的道德原则要求废除或限制任何种类的财产，整个社会就必须和有关的所有者共同负担改革的损失。理由是：如果因为人们不比他们国家的法律所要求的表现得更好而惩罚他们，这种惩罚就是伪善的。边沁的见解无疑是，他主张在国家解放奴隶的时候，应当对奴隶主进行赔偿。边沁也不会用某种牵强附会的说法做借口，说一个国家的宪法在不同的时期，既然是各不相同的，那么，当前掌权的人物，就可以与前人制定的法律所引起的期望无关。一旦承认这一原则便会接着承认，组成一个国家宪法的无数细节，只要有任何变动，那么在变更时期根据实际法律所产生的一切期望便有理由被忽视。如果人们由于没有设法去肯定谁最有资格在一个外表上有其合法的、公认的政府的国家内掌权而受到惩罚；如果人们由于没有得出由成功的检验所肯定的结论而受到惩罚；如果一个政府往后的情况根本无法猜测，而人们由于无能力预料到此政府将制定什么法律而受到惩罚，那么这种夹杂在一起的残酷和虚伪，自然会受到边沁的强烈的指责——即令是那些与此利害关系最深的保守党人也会提出同样强烈的指责。

因此，维护和加强安全感，便成为边沁派立法者的首要目标。他的第二个目标，是在不违反安全的原则下扩大平等。在这类立法者的计算中，人人都是一样的，没有轩轾之分。边沁当然不会认为人们彼此之间实际上是完全平等的。因为他曾苦心孤诣地列举出增加或减少快乐与痛苦的感受性的原因。这些因素的作用必然会使某一个人比另一个人更能感受幸福。既然人们所能达到的幸福在程度上有所不同，则可以设想，一个立法者如果特别关心感受性强的人，就会比一个严格的无偏无倚的立法者更多地增进一般的福利。这就像一个园丁只为倒挂金钟和山茶花，而不为冬青木和雪花莲遮寒的做法一样。对于整个花园的福利来说，这种做法比他把所有的植物全移到暖房里或者全都放在露天地要好得多。人们可以怀疑，平等的法律是否在所有的时间和地点都会一直是最好的法律。比方说，雅典的文明在平等的制度下是不是可能产生。但这些怀疑对一个完全不理会历史的作家来说，完全不成为问题。边沁所注意的是现代世界的大国。这类国家的公民人数很多，这使得立法者无法公正地分辨人们的感受性。亨利·梅因爵士说："假定有一个人数众多而比较单纯的社会，假定其主权者的命令采取立法的形式，假定这种立法机关具有巨大潜在的或实际

的力量；那么总的说来，指导这种立法的唯一可能想象的原则，就是最大多数人的最大幸福。”①

边沁可能更易于把平等作为立法的指导原则，因为他把立法的范围规定得很严。他并没有像古代的柏拉图和现代的社会主义者那样，提出要用实在法来规范教育、工作、娱乐、家庭生活和公民的社交活动。如果他确实怀有偏见，那就是他赞成放任政策。作为一个英国人，他对个人自由具有一种本能的爱好。作为一个18世纪的哲学家，他又相信自然具有使一切事物都变得完美的自发倾向。因此，他所要求的平等就不是条件的平等，而是机会的平等。而这正是他所看到的美国实现的那种平等。由于他未能预见与这种平等可能一起产生的流弊和不满，所以他没有认真地试图去判定，一个国家对社会力量的自由作用，可以明智地干预到什么程度。

边沁在他的晚年成了绝对政治平等的热烈拥护者。那时他所主张的是一种共和制的宪法，其中包含每年经普选产生的一院制的立法议会。他显然认为这种宪法几乎能适用于从英国到墨西哥的任何共和国。他之所以得出这种看法，似乎主要是因为不满于当时英国议会所表现的因循苟且和束手束脚的作风（正如他所认为的那样）。在大不列颠，正如在其他地方一样，雅各宾式的恐怖统治所造成的恐慌情绪使希望改革的人都噤若寒蝉；像边沁这样的改革者发现，纵使是最谨慎的意见也往往不被采纳。在失望之余他采取了一些和他的谨慎性格并不十分相符的政治原则。他似

① 《古代制度史》，第339页。

乎从来没有预见到采取这些原则之后，会产生什么样的结果。他没有预见到政治平等会加强财产平等的要求。有人认为在纯粹的民主宪法之下，财产将得不到保证，对于这种忧虑，他简直不知道要怎样指责才好。为了证明这种恐惧是毫无根据的，边沁常常引用美国的例子。在那个时代反对边沁的人当然可以提出，美国大多数的州都实行有限制的选举权，而且各州的立法机关都有两个议院，而且不是每年一选的。这样一个反对者还可以提出更有力的理由说，一个由小农和店主组成的小共和国和欧洲人口众多的国家相比是没有用的。前者人口分散在自然资源极为丰富的土地上，而且全体居民几乎都是属于某一严格的教派；而后者则贫富极其悬殊，人们因在有限的土地上不断地进行生存竞争而焦虑不安，有许多公民根本没有任何生活规律可言。但这一类的反对意见绝对无法说服一个狂热者，对边沁也很难产生任何影响。

边沁依据功利原则向我们提出的一套法律准则，尽管他尽量做了精密的论述，然而应用这种原则的可能性，仍然十分值得怀疑。边沁企图用这种原则来产生一套理想的法律。他绝不满足于提出零碎的建议来纠正英国法律中这种或那种的流弊。他甚至不满足于系统地仔细检查英国法律并指出每一个没有严格遵循功利原则的地方。他诚然下过许多功夫研究英国法律，但他似乎认为英国法律和其他所有现行法律体系都过于残缺不全，不堪补救。他奉献出他一生中最好的时光致力于制定理想的体系，正如他所认为的那样，这完全是直接从他的指导原则引申出来的。他这样做是否明智呢？他是否实现了他自己完整、一贯和合理的法律体系的理想呢？他所发现的实际存在的体系，有没有任何一个被他自己的体系全部或部分成功地代替了呢?

这些目标,边沁一个也没有达到。他自己的理想体系也仅仅是些片段而已,尽管这些片段如此之多,范围如此之广,使我们得到的观念就像一个完整的体系所能提供的那样。边沁也没有全部或部分地更换任何历史的和现实的制度。他提出了许多极有价值的提示和修正意见,这些都已经或将被采用到英国的法律中去。但他绝没有把英国的法律整个地替换下来,甚至也没有整个地加以改造。

道理是这样:功利原则的价值不在于创造方面,而在于批判方面。它的价值在于作为一种检验标准,而不在于作为一种胚芽。它的真正潜力是反面的,也就是把不公道的地方和许多繁文缛节揭露出来,并删去许多冗长的词句。对于这种目的,功利原则是特别有效的。法律是不是真的有所偏袒,而不只是表面上有所偏袒呢?它是不是扩大某一阶级公民的利益而不顾及任何公共的福利呢?如果是这样的话,它就经不起这种标准的检验。这种标准要求立法者谋求最大多数人的幸福,而且应当一视同仁地为每一个人谋求福利。法律是不是除了用专业性的论据,或者法律专业中尚待证明的判断,或者显示内行的炫耀词句,就不能加以解释和找到根据呢?假如是这样的话,它就经不起这种标准的检验,因为这种标准把幸福当成所有立法的目标。法律是不是仅仅由习惯或传统的力量来支持,而不必理会当前时代的需要呢?假如是这样的话,它也经不起运用功利标准的检验。这种功利标准的检验将大量不公平和大量荒谬的东西一扫而空,其原因就是这种检验意味着承认每个公民的权利,并且承认立法中确实的实际目标。

但是，对于创造的目的来说，任何单独的一个原理，甚至是功利的原理也是不能胜任的。不论立法者如何充分地认识到，他应该以最大多数人的最大幸福为目的，如果他不知道最大多数人的幸福究竟包括一些什么，他就寸步难行。要获得这种知识，他必须对人性作普遍的深入的研究，尤其要对自己民族的性格有充分的认识。然而某一具体民族的性格却往往是一种历史的产物，他们喜欢什么，他们不喜欢什么，无法通过抽象推理的过程推测出来。一个人如果不懂历史而单凭抽象推理的方法，又如何能推断出古代挪威人认为死在床上是一种非常可悲的事情呢？他又如何能知道印度人认为身后没有留下一个有资格去执行家庭仪式的人是个罪孽深重的事情呢？像这样一个人，通过什么样的抽象推理过程，能够知道英国人酷爱个人自由，而法国人则酷爱强有力的行政系统呢？他通过哪一种抽象推理过程，可以认识到爱尔兰的农民喜爱土地而美国人则热衷于冒险性的投机事业呢？然而这种民族性格的差异，对一个立法者来说是十分重要的。如果他所订立的法律只是在抽象的意义上增进幸福，那么他就会使自己的民族在实际生活中变得非常不幸。

正如一个立法者必须从他所在国的环境中获得其实际的法典的主要内容，一个理论家也必须从他那个时代流行的政治与道德的看法中获得其思想的主要内容。企图用某种在任何时代任何地方都永不改变的、不证自明的抽象推理原则来制定一部法典，那是完全行不通的。他只能把这种原则在他所知道的形式内加以应用，而在这种形式之内必然包含着许多局限性、临时性、偶然性和武断性的东西。边沁企图根据一切人类所追求的幸福这一想法来推演自己体系的每一具体细节，必然是徒劳的。边沁思想中真正见到的幸福，实际上是一个生在18世纪的中等阶层英国人所认识到的幸福——他受到某种文化的熏陶，而且被当时某些新奇而流行的观念所迷惑；边沁经常提到的幸福，并不完全是现在大多数人所希望的幸福。又如“庄严盟约”[①]时期充满着宗教热情的苏格兰人更不会满足于他所提出的幸福。伯里克利时代热爱文艺的雅典人，以及恺撒时代醉心于帝国胜利的罗马人也都不会满足于他那种幸福。由于边沁关于幸福的观念并不必然是每人所具有的观念，所以根据这种观念所提出的法律，便不能应用于每一个社会。这种法律会与某一个民族的宗教热忱相冲突，又与另一个民族的进行征战的精力相矛盾，还会和第三个民族的浪漫或高雅的情趣无法相容。这些法律适用性有限的原因，与它们的实际影响有限的原因是相同的。这些法律之所以对它们所处的时代有影响，是因为它们是它们那个时代的产物。如果它们不那么抽象，力量会更大。如果它们和英国人的观念与制度更加接近，它们对于英国会发生更多的影响。它们不像边沁所想象的那样可以普遍适用；但是它们也不像原来设想的那样，完全适合某一个国家的情况。

边沁由于误解了历史的教训，所以误解了立法理论的范围。他对于有机生命的神秘很少认识，对于缓慢地生长的过程不能耐心地去观察，同时又无意把他的新观念和古老的成见调和起来。在边沁看来，国家就是人的集合，而一个人就是一部机器，其情况

① “庄严盟约”指苏格兰长老会为维护长老会制而与英格兰国会于1643年签订的盟约。——译者

并不比一只钟表更为复杂。有些表是在日内瓦制造的,另一些是在伦敦制造的,但某一个地方够资格的钟表匠却完全可以修理另一个地方制造的表。某一只表所能起的作用,其他千百万只表也都能够做到。然而人并非钟表,他是有生命的动物,而且是能表现出各种不同程度的生命意识的动物——从最低级的野蛮状态到最高级的文明状态。同时,国家也不单纯是许多人的集合,而是一种微妙的有机体,在这个有机体中,每一个成员对整体提供多少,也从整体取回多少。因此,一个国家的特性反映它的本质。如果不发生大的病变或者死亡,这种特性只能逐步地在许多因素的相互作用下加以改变。根据某项原理以及它的演绎而大规模立法必然是无法实现,或者是弊害多端的。既切合实际而又受人欢迎的立法,是一个根据科学精神的、不断修改的过程。边沁关于这一问题的误解并不妨碍他获得伟大的成就,然而这却使他白白浪费了大量精力。

和上面所讨论的问题大同小异的另一问题是:某一社会曾经实行或正在实行的法律与制度,如果在另一社会中采用会有多大的适应性。如果我们把上面所提出的结论发挥到极点,我们就会怀疑这种采用的可能性,或者至少怀疑这样做有无好处。我们可以重复前面引用过的孟德斯鸠的一句话:“为哪一国人民制定的法律,就应该恰好适合于该国人民;所以一个国家的法律,几乎不可能适合于另一个国家的需要。”如果要坚持不在哪一国内创立的法律无法移植到哪一国去的原则,我们就不得不否定历史上某些最难令人忘怀的事实。如果一个民族征服了另一个民族,纵使没有消灭被征服民族的血统,也消灭了他们的法律,在此情况下上面的看法和这种激烈的变革并不是相互矛盾的。因为在这种情形下并没有制度混合的问题发生。如果一个民族偶尔接受了另一个民族所创立的法规,上面的看法和这一事实也并非不可调和。因为,个别的法规可以从便利的观点看,采用它正像引导一切种族和信仰的人们,去运用铁路和电报的原则一样,是普遍有效的。然而,如果一个民族大量而有效地采用了不是为它本身制定的法规,那上面的看法便真的与事实不符了。因此,大多数的基督教国家接受了再度流行的民法,便和这说法不相符合。某些现代国家成功地抄袭了英国的宪法,这也与此说法不相符合。人们可以见到,在印度的文明居民中采用了许多英国法律后,显然得了很多益处;这一事实和这种说法也是不符合的。以上各点都说明,接受孟德斯鸠的论断时,必须做出一些重大保留。

首先在自由的自决权方面就要作保留。这种权力在人类的社会中从来没有完全不存在,而且随着社会的发展而增长起来了,只是经常多少受着一些限制。唯有在远古的年代里,各民族还处在幼稚与混沌的状态时,才会完全不假思索地听任自己的本性,或无保留的屈服于周围的环境。当有意识的生活在个人身上出现时,它也逐渐在整个民族中出现。随着有意识生活的出现,产生了批判、发明和自律的新的能力。一个国家,或者至少是其中深思远虑的统治人物,正和普通人一样,在某一个发展阶段上开始意识到行动的广泛目的,并设法去实现这些目的。一旦达到了这一阶段,采取外国法规就变成可能。实际生活的目的在任何地方都十分类似,以致人们认为要达到这些目的可以采用一些一致的行动方式,并可以对一致的行动提出一致的规则。例如,工业发展程度相同的国家，商业所具有的特征到处都是大同小异的，某一个民族中适用的整套商法制度，如果搬到邻近的民族中去应用，往往是非常有利的。

第二种保留可以说是这样的：有一组国家，虽然彼此间有许多重大的差异，然而却分享了共同的历史和共同的文化，它们都具有条件采用在某种程度内互相一致的法律。如果是另一种情况，这样做却是不可能的。当西欧各国采用罗马的私法时，它们从罗马取得的东西，以及彼此共同具有的东西，要比法律公式多得多。对罗马来说很难说他们是外国人，而且在想象中，他们以为自己比实际情况更接近于罗马人。当这些国家采用英国的宪法时，他们是从一个具有共同文化的民族中借用其法律的。它们所借用的东西早已植根于他们的民族之中。然而宪法要比商法更具有一个民族的神秘性格。英国的有限君主政体在比利时和意大利都已经被模仿成功了，然而它却不能适用于法国的环境。同时，它在普鲁士所具有的形式，对于现代英国来说也是完全陌生的。在基督教国家的范围之外，这种不适合的情形更加明显。具有边沁那种才干和诚意的人，现在也不会向穆罕默德·阿里那样的东方专制君主重提边沁关于宪法的建议。我们所说的宪法，是社会结构的最上层建筑。如果基础完全不同，最上层建筑也必须是不同的。

关于这一问题，真理似乎处于以边沁为代表的18世纪哲学家和以斯宾塞为代表的19世纪哲学家之间。反对边沁的理由是：每一个人和每一个国家，都的确是一条进化链条中的一环，这是确实的；反对斯宾塞的理由是：任何人和任何国家都有意识，因而能够采纳一个为理性所认识到的目的以及自然所强加的条件，这也是

确实的。人类的限制与自由都得到了人类历史的证明。但谁又能精确地指出自由的选择在什么地方终止,必然性的作用从什么地方开始呢?肯定地说,要决定这一点绝不是如此简单的,即我们能够定出一个普遍的规则,去指导立法者如何借用外国的法律。当一个偏重实际的人说,哲学在政治中是无用处的,他所指的就是上述的事实。但是,哲学是一种真理的精神,而不是一种粗浅的法则。追求智慧的人总会找到智慧,而智慧正是通过它所有的成果来证明其为智慧的。

以上我们所说的都是关于改革立法体系的本质时所用的方法和可能的限度。但是,边沁关于改进法律的建议并不限于其本质。法律的形式对于边沁来说也并非次要。边沁认为法律未能以法典的形式表现出来时,就是不完整的。在他的著作和通信中,提得最多的要求就是编纂法典。但是,为什么会这样呢?边沁所理解的法典编纂究竟是什么呢?他希望从法典编纂中得到哪些实际好处呢?他的期望到底有多少根据呢?实际的法律体系已编纂了多少,又获得了怎样的成功呢?在简述边沁对于立法问题的理论时,如果不试图解答这些问题,就未免太不全面了。

如果要使任何关于法律体系的权威叙述,按照边沁的法典定义编制成法典,必须满足以下四个条件。第一,它必须是完整的,也就是说,它必须提出十分充分的整套法律,以致无须用注释或判例的形式加以补充。第二,在叙述其包含的法则时,必须使每一句话都达到最大可能的普遍性。换句话说,它必须可以用最少的法则说明全部的法律。第三,这些法则必须以严格的逻辑顺序叙述出来。最后,第四点是,在叙述这些法则时,必须使用严格一致的术语，给这个作品中可能提到的每件事物以唯一的具有一个准确界定的名词。任何法律的表达方式，如果能满足这些要求，那便是边沁所认为的法典。如果某种法律的阐述不能满足这些要求中的一个条件或多个条件，在边沁的定义下，只是一个不完整的近似的法典而已。不用多说，现存的法典，几乎没有一部能达到边沁的完整标准；同样，历史上大多数著名的法典，也离开这些标准相当远，以致根本不能称为法典。

因此边沁编纂法典的理想便是很难达到的。根据他的意见，达到这种理想有两种好处：一种好处是对法律的研究有帮助；另一种好处是对法律的执行有帮助。第一，关于法律的研究方面，边沁相信法律一旦制成法典之后，就可以使普通人能像律师一样理解法律。任何头脑健全的人都可以理解并记诵法律的条文。第二，关于法律的执行方面，边沁相信法律一旦制成法典之后，就可以确定、迅速而简便地执行。因为当法律的运用变得如此简单时，法官要做的事情就很少了；同时由于每一个人都能处理自己的诉讼案件，律师的事情就会比法官更少。因此，编纂法典可以使所有的人都获得法律的知识，并且使每个人所受到的侵害都能得到补救。总而言之，编纂法典，可以使一个社会的立法发展臻于完善。

我们既然渴望达到一种理想的境界，自然就会提出一个问题：边沁到底有多少根据认为编纂法典是实际可行的？把英国法律编纂为法典究竟能得到多少益处的问题，自从边沁使它为大家熟悉以后，一直是个争论不休的论题。但是，所有的答案都不像边沁那样充满自信。在这里正像在其他地方一样，真理似乎存在于平淡无奇的中庸之道中。对于怀疑或否认法典编纂有任何用处的人来说，在一两个问题上肯定是可以作出让步的。改革家的本性就是要夸大自己的看法，而边沁正是一个地道的改革家。他过分估计了一部法典可能达到的完整程度。任何法典都不可能制定得如此完美无缺，以致可以对法典颁布一年之内所发生的一切立法问题作出简明的答复。对于无尽未来的一切立法问题，就更不是一部法典所能预计的了。一部编纂得最好的法典，对于当前的时代来说必然是不完整的，而且在未来的岁月中很可能被取代。既然最好的法典必然是不完整的，所以即令是最好的法典也不能使一般民众无须求助于职业律师。一部法典，不论编纂得怎样恰当，文字上不论怎样明确，都只能直接为一部分司法案件做出规定，而其余的问题，则必须通过类比和推论做出新的规定，这些规定使普遍法则与特殊案例的运用相协调。这种类比和推论的过程，除了最简单的案件以外，由受过训练的推论者来做，总比没有受过训练的推论者来做要好得多。因此，只要人类还需要法律，有些工作就只能由职业的律师来完成。已经编纂过法律的国家的经验证实了这一结论。法典方面的知识可以在普通人中广泛传布；然而这总是有些肤浅的。单纯记住一堆普通法规，和把这些法规的原则正确地运用到它们所未能完全包括的案件上去，是两件完全不同的事情。

以上所说的都假定，在执行法律中所出现的疑问，只是对于法律的疑问。但对于事实方面的疑问却是更加普遍的。法庭的任务一般包括两个完全不同的过程。一个是确定有关事实的真相，另一个是在事实真相确定后如何运用法律。当法律具有可能有的最好的形式时，第二个过程可以十分简易而又准确地完成。但是法典编纂对于第一个过程则只字未提。正是这一过程最容易出现严重的困难，而且困难程度趋向于愈来愈严重。因为随着文明的进展，人与人之间交往的形式愈来愈复杂。例如当今经常发生的大型商业案件，其事实就非常复杂。先不说野蛮人不能理解，即使是爱德华三世或伊丽莎白时代的臣民也无法理解。在决定这种案件时，由于法律的模糊所引起的费用与延宕，比事实的模糊所引起的要少得多。事实的模糊就要牵扯到大量的证人、连篇累牍的供词、堆满屋子的账册、挖空心思的很有技巧的质问与反诘过程，以及陈述双方对立的观点，对这些，只有那些天资高并经过长期专业训练的人才能做到。如果要用这种人，他们就会要求，而且也会得到大量的报酬。

因此编纂法典并不能完全防止法律方面疑难问题的产生，也不会防止事实方面疑难问题的出现。这些情况即令在多少缺乏变化的社会里，也限制了法典的作用。但是，因为没有任何社会是完全静止不变的，相反，很多社会都在迅速地发生变化，所以法典的作用会进一步受到这种或然性的限制。总有一天，即使不能说是必然的，它也非常可能变成过时的东西。对这种危险，边沁几乎没有认识到。因为他对于人类联合体的不稳定性没有做出充分的估计。他没有看到，即使他所希望的法典在英国被制定出来了，英国历史的进程也会无情地使它落在未来时代的需要的后面。考虑到人类需求的变化，使我们无法希望得到一部最后的法典，正如考虑到种种法律问题使我们无法希望得到一部完整的法典；同时，考虑到有争议的事实的复杂性，使我们无法希望得到一部能始终确定不移而又易于应用的法典。

因此，边沁建筑在法典编纂上的希望是过奢的；然而编纂法典的好处是真实的而且是很大的。法典编纂得好，的确可以帮助公众认识法律，的确可以帮助法官和诉讼代理人运用法律。它使我们略为接近了普及法律知识和直接作出法律决定的地步——尽管这只是略为接近而已。在一般情形下，法律的发展是不规则的。大部分立法是片断的，时时加以增补的法规很少和已有的法规配合得恰当。司法的判决并不一定是针对法律学者最感兴趣的问题作出的，而是针对诉讼当事人上诉法庭的问题作出的。对某一问题所作出的一系列的判决，在几个世纪的过程中，往往受到思维和外在环境如此众多的各种变化的修正，以致此问题最后的结果是不肯定的。新判决起初是限制和修改老判决，逐渐破坏老判决，最后使老判决完全失效。旧案卷中所保存的许多老判决变得过时了。有些虽然不是明显地变得过时，但其有效性也是值得怀疑的。另一些如果实际上还不算有问题，但在应用时肯定要受到尽可能多的限制。因此，法官制定的法律就具有相当高的权威性。这种权威的程度可以由有经验的律师机智地加以确定，但是想由任何别的人来推断是十分没有把握的。即令是法官制定的法律中权威性最无可怀疑的那一部分，其数量也是相当惊人的，以致很难通过把它的一般原则适用于个别案件的细节来掌握它。这种缺点在法律注释家著作所收录的法律中也是存在的，只是程度轻得多而已。在他们的注释中，我们也会看到已经过时和行将过时的法律，以及应用范围正在受到限制的法律；而对于真正有效的法律，存在不必要的过多的和重复的陈述。不过我们发现，无关重要的事实说得较少，对疑难问题的讨论较为完整。

以上这些都是那些从未经过系统修订的法律所具有的缺陷。

法典是有助于补救这些缺陷的:一方面将真正的法律从大量含糊的或过时的东西里边提取出来,因为前者被埋藏在后者之中;另一方面又用一种简明、清晰而又连贯的方式来叙述这些真正的法律。这样就能帮助律师立即掌握法律的整体,并使他易于引用某一特别条款。编纂法典并不需要排斥通过注释、司法判决或立法等方式来发展法律。一部法典所包含的东西只是一些原则性的叙述,至于法律的细节,在编纂法典以后还是要由以前原有的那些机构来加以发展的。由于法典对于原则的叙述甚至都不能作为最后的形式,所以立法当局的按期修改几乎是必不可少的。唯有打算一成不变并打算以迷信的态度加以崇奉的法典,才会真正窒息法律的发展。一部为人正确表达的并受到未超过其自身价值评价的法典,经过清除其过时的内容以后,会更有助于法律的发展。正如波洛克教授所指出的,对英国目前未经消化的一大堆材料,简直是无法插手,所以法学著作家大多只是满足于编纂权威的典籍。

至于大陆各国已经完成的法典编纂工作,则很少有人以足够的法律学识做出权威性的叙述;他们所做的充分的叙述,都过于冗长。自从中世纪末期以来,这些国家就曾多次出现编纂法典方面的论文。当专制主义已经在地方自由权和封建特权的废墟上巩固地建立起来的时候,当国王已经成为整个的国家的代表,国王的诏令已经具有法律的效力的时候,大规模直接立法所需要的一切条件就已经逐渐形成了。当时欧洲社会所出现的迅速变化,提出了全面立法的要求。因此,我们看到查理五世颁布了一部刑事法典,后世称之为卡罗林宪法。路易十四在科尔贝尔的建议下,将某些主要的法国法律编纂成为法典。18 世纪的新思潮又给法典的编纂增加了一种新动力。对惯例和传统的日趋严重的漠视，对前后一致的方法与逻辑推理的喜爱，更重要的是，对有关制度的理论的日增的兴趣，所有这些因素，都推动了法律的改造。在当时，颁布一部法典成为有哲学思想的国王的标志。如普鲁士的腓特烈二世、奥地利的玛利亚·特雷西亚、俄罗斯的叶卡捷琳娜二世以及其他声名略逊的君主，都以将自己国家中大部分法律编纂成法典作为自己王朝的荣誉。法国大革命导致了法律的重新制定，而这一工作后来由著名的拿破仑法典完成。这部法典在一般结构和细节方面的新奇性以及它的内在价值，有时被严重地夸大了。然而在法国所征服的许多邻近区域中，人们都热烈地欢迎这部法典。它强有力的推动了其他拉丁语系国家和它们的殖民地以及受它们影响的半文明国家的法典编纂工作。

拿破仑法典可以说是 18 世纪所显示的立法改革精神的最后和最杰出的一个成果。到 19 世纪初期，这种精神就变得不那么带挑战性，而是更加带批判性了。这种变化可能是由于一种对法国影响反感的本能，也可能是由于一种强烈的历史感；萨维尼，这位德国法律文献中最伟大的人物，便反对把德国法律突然编纂成法典。然而自萨维尼的时代以来，德意志各邦还是把许多部门法编纂成法典，有些德国法典还受到有声望的批评家的高度赞扬。现在，在非英语民族的基督教国家中，每一个地方的法典编纂工作都有了很大的发展。边沁的观念渗入到迪蒙的著作里以后，对外国法律的一般改造工作所起的作用是明显的，然而在他本国人民以及其后代支系中，他那编纂法典的主张却只得到了部分的结果。在英国，从来没有一部刑事法典草案被批准为法律。我们所能夸

耀的只是把某些有关流通票据的法规编纂成为一个法典，还把许多零散的条文加以合并和综合使之接近于法典的形式。在我们的殖民地以及在美国，那里的法律比我们本国的法律更加混乱。

唯有英属印度才把英国法律广泛地编成了法典。英属印度的情况使边沁主张编纂法典的论述增加了分量。在那里，英国法律无论如何都必须立即被人理解并立即加以应用。因为它是被介绍到这样一个庞大的国家，那里的人民对这种法律完全不熟悉。在许多地方，执行法律的人都不是职业的律师，同时也没有机会进入有专业书籍的图书馆。而且，一方面印度所采取的英国法律特别需要编成法典，另一方面印度政府的专制性质也使法典的编纂变得容易。最初出现的是麦考利的刑事法典草案。1837 年，这草案就编成了，1860 年加以修正后成为法律。自从那个时期以后，法律被一章又一章地编成法典，而惠特利·斯托克斯先生所编纂的《英印法典》就构成了两大本。至少在这里，边沁的教导已获得了成果。即使边沁所做的工作仅仅是指明英国法律要怎样才能最好地适应于印度的需要，他对自己的国家和全人类也已做出杰出的贡献了。

《英印法典》在东方历史中的地位，和查士丁尼的《罗马法》修订本在西方历史中的地位，是不相上下的。正像罗马法在西方那样，英国法在东方对那些不完全文明的国家来说，成为精确的法规的取之不尽的源泉。正像罗马法在西方那样，英国法在东方具有帝国的威严。它带来了它的法律原则和推理方法，甚至将它们推广到不用强力推行其特殊条令的地方去。正像罗马法在西方那样，英国法在东方对那些有天赋的民族具有一种新科学的魅力，这些民族开始感受到科学好奇心的最初的刺激力。如果英帝国在印度的统治是持久的,那么印度法典对改造印度文化将起很大的作用。甚至在帝国灭亡之后,这些法典也将成为改造英国法律的第一批成功的文献。

总括以上对边沁立法理论著作的不全面的评论,可以这样说,这些著作很能代表那个杰出的富于思想的时代,也就是一般人所指的18世纪,但事实上这个时代始于宗教战争的结束,止于法国革命战争的爆发。边沁的著作表现了这个时代一切最突出的特征:对未来的无限希望伴随着对过去的过分鄙视;过分宽厚的人道主义精神掺杂着人性的某种阴暗的看法;敢冒风险的科学精神中充满着最狂妄的武断作风;怪诞的学究气混合着最精明的常识。这些著作对于英国制度的批评往往是肤浅的或者是不公正的。正如斯蒂芬法官所指出的:"边沁过于敏感,而且也过于激愤,以至于无法认识自己所攻击的制度的基本优点。显然,他对于法律本身并没有精通——通过单纯的理论研究是达不到这一点的。"但是,英国法律一直被人们不加区别地盲目崇拜,唯有大胆的批评家才敢于指责它,同时也唯有激烈的指责才会唤醒崇拜者的理智。这些著作中的积极建议往往是粗率而不合实际的,甚至是荒唐的。但除开少数的荒谬的论点以外,这些著作却有数不胜数的明智计划和有独创性的办法。边沁关于立法方面的著作,不论是在反面批评方面还是在正面赞成方面,都经受了经验和时间的考验。如果我们想一想他所指责的有多少被废除了,他所提议的有多少被采纳了,同时再想一想被采纳和被废除的事例在结果上是如何普遍地证实了他的意见,我们就必须承认他的工作,他的敏锐,以及

他对同胞的博爱,他在立法改革的理论家中占据了一个最崇高的地位。

四 《政府片论》

本书所重刊的《政府片论》是由于威廉·布莱克斯通出版了《英国法律诠释》一书而写作的。1758 年,布莱克斯通接受了牛津大学新近设立的瓦伊纳英国法讲座教授之职。他在当教授期间的讲稿就成了他的《诠释》一书的基础,该书的第一卷于 1765 年问世。这部《诠释》得到了普遍的赞扬。过去只能通过内容贫乏的报告和零星出现的论文了解英国法律,而那些论文的作者熟悉法律胜于熟悉祖国的语言。现在,英国法律在一本中等篇幅的书中与世人见面了;此书写得条理分明、优雅而又清晰。边沁说:“我们幸赖布莱克斯通使法理学原理获得这样好的安排。在技术名称所能允许的范围内,几乎可以说是尽善尽美的了。”这位严厉的批评家还说布莱克斯通是“在所有讲授法理学而又身为法律制度评论者的作家中用学者和绅士的语言来谈法理学的第一人”。这样的一些优点,再加上他对自己专业的令人敬仰的知识,就保证了作者的成功,而且使他的著作广为流传。然而布莱克斯通的著作至少在一方面是容易受人攻击的。他是一个能干的人和一个忠实可靠的律师,但他却不是历史学家和哲学家。当他谈到推理问题时,就往往局限于当时的看法和其职业的乐观态度。他的肤浅之处,在其著作“导论”的第二部分讨论法律的一般性时就暴露出来了。这第二部分引起边沁的异议。他对布莱克斯通作为一个武断主义者和

一切改革的死敌十分不满。为了批驳布莱克斯通“导论”的第二部分，边沁写了这部《政府片论》。

《政府片论》首先是一部评论。如果这本书的内容仅限于此，它对于后人就没有什么意义了。因为后人并不认为布莱克斯通在政治或历史问题的推理方面是一个权威，因此也就无须将布莱克斯通的理论加以修正或否定。但在批评布莱克斯通的看法时，边沁必然要提出自己的观点。由于边沁是少数英国政治制度理论的著作家之一，他的学说又是英国政治哲学链条中的一个环节，所以我们现在仍在阅读《政府片论》；我们的目的不是要看布莱克斯通错误到什么程度，而是要看边沁正确到什么程度。

如果我们把《政府片论》称为一部论主权的书，就可以更好地说明此书的真正范围。主权者一词具有好几个意义，它可以分为朝廷的、法律的和哲学的几种含义。在朝廷的含义上，主权者这名词只能用于独立国家中终身居于最高地位的那个人。可是，当这个词用在这样一个人的身上时，关于他享有的实际权力或者他所统治的国家享有的实际独立程度，并没有做细致的分辨。这名词既被用于专制君主，也被用于立宪君主；既被用于统治着半个大陆的君主，也被用于领土只有几千平方英里的君主。但是，主权者的称号从来未曾授予一个国家的临时的首脑人物，而不论他的权威或者影响有多大。所以在朝廷的含义上使用主权者一词虽然是专断的，却是明白的。在礼节上究竟应当称什么样的人为主权者，既不是一个难题，也不是一个重要的问题。

更加困难和更加重要的问题是，主权者一词在法律的含义上的用法。法学家既用主权者来称呼整个国家，也用它来称呼它的统治集团。任何国家如果不是永远正式地臣服于另一个国家，法学家就称之为主权者。至于那些参加了联邦条约因而限制了它们自己独立的国家，法学家们对于是否能称它们为主权者看来就感到犹豫了。同时在法学家对于联邦整体所用的术语中，也可以看到相应的犹豫态度。他们如果继续承认各成员国的主权，就多少不愿承认整个联邦的主权。如果他们不继续坚持每个成员国的主权，他们就会开始考虑把整个联邦当成主权者。但是，对一个已被公认附属于外国权力的国家，如隶属于土耳其苏丹的保加利亚，或者受印度的英国政府管辖的拉其普他那地区的诸土邦，法学家是不会允许使用主权者一词的。

当整个国家在法律的含义上是主权者时，它的统治集团在法律含义上也是主权者。当整个国家附属于某一国外权力时，那么它的统治集团就不是主权者。因此，主权在法律意义上，一方面是一个事实问题，另一方面也是一个形式问题。被认为合法的最高权力，构成法学家所理解的主权。但是，这种权力要获得形式上的承认，显然可能要等待一个很长的时期；而且这个权力一旦获得承认之后，并在形式上没有被否认之前，它可能衰落到几乎形同虚设。一个民族可能远在国际大家庭中年长的成员承认它的独立地位以前，早已宣布了它的独立。一个长期被认为完整的主权者的国家，可能沦为某个国外权力的最不幸的附属国，而这个国外权力却没有明白地宣布过这种统治权。同样的道理，一个人或者一个团体，虽然从来没有为立法机关的法令或朝廷的诏令承认为统治者，却可能在实际上统治着一个国家。反之，一个人或者一个团体虽然在法律上被承认为最高的统治者，却可能是在法律上完全找不到的另一种权力的傀儡。因此,法律上的主权和实际上的最高权力,可能部分地或者完全地相分离。两者完全结合在一起的情况是很少见的。因为法律的规定是僵硬的,而政治的事实是变化多端的。事物的变化是迅速的,而名词的变更是缓慢的。在法律上的主权中,这两个因素被结合起来,尔后又会被重新分开。因此,法律上的主权的真正处所必然常常是个疑问;法学家关于主权的说法也就必然常常是模糊的或者是矛盾的。

在哲学的含义上,主权只是一个事实的问题。在政治哲学中,主权者就是某一社会的实际的统治权力。名义上的主权者可能本身就是那统治权力;他也可能是联合组成这个权力的许多人中的一个;或者,他可能是完全被排斥在这个权力之外的。沙皇统治俄国时,只要他的身心两方面能够担当统治的任务就行;德国的皇帝是统治德国的集团中最有势力的成员;而威尼斯的总督则几乎完全被排斥在威尼斯的政府之外。此外,法律所承认的主权者,一般就是该社会的统治权力,因之也就是政治哲学所承认的主权者。俄国的沙皇是这双重意义下的主权者。联合王国的帝国议会也是这两种意义下的主权者。但法律和政治哲学对于双方都承认的统治权力却往往有不同的分析。因此,对于法学家来说,帝国议会中的三个成员:国王、上议院和下议院,在各自的范围内虽然彼此不同,却平等地分享着统治权力的称号。法律如果承认这三者之间有任何差异的话,那就是把国王摆在较高的地位。然而对于一个政治研究者来说,国王、上院和下院并不是平等的主权者,因为他们所分享的权力是不平等的;较高的地位是属于下院的,因为下院所分享的权力最大。

此外，在政治哲学中，主权者永远是一个确定的人或一个团体。一个统治集团可以包括任何数目的个人，对整个受其统治的区域来说，也可以保持任何数字的比例。因此，一个包括着全部精神健全的成年男子的团体，和一个更小与更易于管理的团体，同样可以成为一个真正的主权者。但对于一个主权者集团说来，确定的性质、成员的资格和成员的组织都是必不可缺的；因为没有这一切，这种团体就不可能具有行动中所不可缺少的团结性。因此，主权者集团必须有别于那些混乱的群众——那些人往往是无政府状态的并且可以使政治事务发生新的变化。同时，主权者集团还必须和该社会中造成所谓舆论的、人数众多而不肯定的那部分人有所区别。舆论可能控制主权者，而暴乱的民众可能推翻主权者。但严格地说来，舆论和暴乱的民众都不适用于“统治”一词。而主权者却正是统治的权威。主权的理论，就是关于政府的理论。

以上所说的一切，大家都会同意。主权者是每一个政治社会必不可少的一个机构，没有主权者就不可能有政治社会。若要进一步探讨主权的来源、性质和可能的形式，可以采用两种不同的方法。一种方法是，一开始就把政治社会当做一个整体，然后再探讨这个政治体的主权者的成员。可以肯定地说，这一方法的好处就是，任何人如果要理解各个部分的性质，必须首先对于这个机构的整体有一个明确的概念。另一种方法是首先把主权和社会生活的其他因素分离开来，然后把它和其他已知的不同种类的主权相互比较，以便对它作出解释。可以肯定地说，这一方法的好处是，为了研究方便起见，我们必须把整体分成许多部分，并且暂时分别研究每个部分，而不考虑此部分与其他部分之间，以及它和整体之间的关系。事实上，两种方法都是不完整的。一种方法所得出的结果必须用另一种方法去纠正。坚持政治有机体的整体性的方法可能会模糊了主权者的明显特性，那就是握有权力。而把主权当成一种最后事实来研究的方法，对于这一明显特性是会予以充分估计的，然而对主权者的其他特性，不论它们如何重要，都可能被忽略。

后一种方法是英国讨论主权理论的绝大部分著作家——如霍布斯、洛克、边沁和奥斯丁等人所采用的方法。这些杰出的人物把自己的注意力几乎完全集中在脱离其他政治事实与社会组织的抽象的主权之上。他们这样做的理由，也许可以在欧洲近代史中找到，尤其可以在英国的近代史中找到。在中世纪结束以后，共同的政治生活和公民自由的观念并没有消失，而只是被某些潜在的势力冲淡了。宗教的学说认为统治者都是由神指定的，这种说法虽然可以作理性的解释，但那时往往被解释为专制君主的观念。封建主义的道德把爱国主义的观念吸收到“忠”这个观念之内，因此就使国王获得了那种在其他时代里为共和国所具有的神圣性了。封建的法律为政治权力加上了所有权的性质，把主权者的概念和土地所有者的概念混淆在一起，把王国和地产混淆在一起。最后，中世纪社会的解体，使权力的一切物质工具落在一批统治者手中，此时宗教、道德和法律已经在人们的心目中给予这些统治者一种高人一等的地位。中世纪的权力等级制度，使得主权者的统治得以横行无阻。国王被捧得高踞于人民之上，主权和服从之间的对比也显得极为鲜明。

但个人统治的时代也是大胆批评的时代。无论如何，在英国，

皇室的至尊无上就曾引起可怕的反抗。愚蠢的统治者触怒了人性中强烈的本能，即财产的本能与宗教的本能。在他们做了一番笨拙调解的努力之后，接踵而来的是激烈的内战，而激烈的内战则产生军事专制，最后的结局便是军事的无政府状态。这种不寻常的革命不能不令人思考主权者权威的根据和范围。1651 年，当查理一世去世，共和政体宣告成立之后不久，英国政治哲学中的第一部巨著——托马斯·霍布斯的《利维坦》就问世了。此书的目标是由当时的政治危机所决定的。霍布斯深刻地感到内战给他的祖国带来的痛苦，坚定地相信这种战争是由于宗教和道德的反常观念而引起的。于是他便力图使人们相信，反抗一个现存政府必然是邪恶和必然是荒唐的。因此，《利维坦》的主要目标就是为主权找到根据，并且解释主权的范围。他提出许多大胆的法律上的假说作为主权的根据，并把它们凑在一起来说明完全的臣服就是完整的自由，因为臣民绝不会从主权者那里遭受到任何不幸——除非在他自己完全而自由地赞同之下。他证明主权在法律和道德两方面都是不受限制的，因为法律或道德的解释如果归诸臣民，就会使他自己的好恶成为自己臣服的标准，于是会使社会的存在，单纯成为人们爱好的问题。由此可见，肯定主权者的权利就是全书的要旨，其动机是希望加强政府的权威。从当权的一方来看，这种论文是会受到欢迎的。但是在反对的一方来看，便不能不加批驳地轻易放过这种论文。他们也需要一种关于主权的理论，而这个理论则由约翰·洛克提出来了。

洛克在他的《政府论》中所提出的理论，其基础并不比霍布斯认为满意的基础更坚实。他毫不怀疑地接受那种“自然原始状态”

的学说，以及那种以有意订立的契约作为政治社会的凭据的学说。但他坚持认为，所有的人根据自然法则都会为谋求自我保存或自身的幸福而进入政治社会，因为政治社会能提供更好的保证；统治者的产生只是为了促进臣民的福利；如果统治者规避他们的责任，他们就会合法地受到反抗，甚至被废黜。洛克并没有断言主权应受实在法的限制，但他的确断言主权应受道德法则的限制。他同意主权包括立法和行政的各种职能，但他认为立法的职能是最高的和最真实的主权。他的主权理论在本质上和边沁提出并由奥斯丁加以缜密阐述的理论相差不远。但是，在表述上，由于他不断地使用一些来源于自然和自然法的模糊概念的词句，他的理论令人费解。

当英国人民与斯图亚特王朝的冲突终止以后，政府的权限和反抗的权利等问题大大失去它们以往的那种重要性。由于孟德斯鸠提出关于主权者的权力划分以及划分后会带来好处的学说，一系列关于主权性质的专题论文纷纷发表。在《论法的精神》第十一章第六节里，孟德斯鸠宣称，主权职能的划分在英国已经做到了，而且这就是英国自由的秘密所在。这一说法对于政治理论以及政治制度的发展有如此之大的影响，以致值得把作者的原文抄录在下。

“每一个国家有三种权力：(一)立法权力；(二)有关国际法事项的行政权力；(三)有关民政法规事项的行政权力。依据第一种权力，国王或执政官制定临时的或永久的法律，并修正或废止已制定的法律。依据第二种权力，他们媾和或宣战，派遣或接受使节，维护公共安全，防御侵略。依据第三种权力，他们惩罚犯罪或裁决私人讼争。这最后一种权力可以称为司法权力，而第二种权力则可以简称为行政权力。

“一个公民的政治自由是一种心境的平安状态。这种心境的平安是从人人都认为他本身是安全的这个看法产生的。要享有这种自由,就必须建立一种政府,在它的统治下一个公民不惧怕另一个公民。

“当立法权和行政权集中在同一个人或同一个机关之手,自由便不复存在了;因为人们将要害怕这个国王或议会制定暴虐的法律,并暴虐地执行这些法律。

“如果司法权不同立法权和行政权分立,自由也就不存在了。如果司法权同立法权合而为一,则将对公民的生命和自由施行专断的权力,因为法官就是立法者。如果司法权同行政权合而为一,法官便将握有压迫者的力量。

“如果同一个人或是由重要人物、贵族或平民组成的同一个机关行使这三种权力,即制定法律权、执行公共决议权和裁判私人犯罪或争讼权,则一切便都完了。

“欧洲大多数王国是政体宽和的,因为享有前两种权力的国王把第三种权力留给他的臣民去行使。在土耳其,这三种权力集中于苏丹一人身上,所以可怖的暴政统治着一切。

“在意大利各共和国,三种权力合并在一起,所以自由反比我们的君主国还少。……”

“在一个自由的国家里,每个人都被认为具有自由的精神,都应该由自己来统治自己,所以立法权应该由人民集体享有。然而这在大国是不可能的,在小国也有许多不便,因此人民必须通过他们的代表来做一切他们自己所不能做的事情。……”

“在一个国家里,总是有一些人以出身、财富或荣誉著称;不过，如果他们和平民混杂在一起，并且和其他的人一样只有一个投票权，公共的自由将成为对他们的奴役，而且他们不会有保卫这种自由的任何兴趣，因为大多数的决议将会是和他们作对的。所以，他们参与立法的程度应该和他们在国家中所享有的其他利益成正比例。如果他们组成一个团体，有权制止平民的侵犯，正如平民有权制止他们的侵犯一样，这点将能够实现。

"因此，贵族团体和由选举产生的代表平民的团体应同时拥有立法权。二者有各自的议会、各自的考虑，也各有自己的见解和利益。……"

"行政权应该掌握在国王手中，因为政府的这一部门几乎时时需要急速的行动，所以由一个人管理比由几个人管理好些；反之，属于立法权力的事项由许多人处理则比由一个人处理要好些。……"

"如果行政权没有制止立法机关越权行为的权利，立法机关将要变成专制；因为它会把它所能想象到的一切权力都授予自己，而把其余二权毁灭。……"

"这就是英格兰的基本政制：立法机关由两部分组成，它们通过相互的反对权彼此钳制，二者全都受行政权的约束，行政权又受立法权的约束。……"

"探究英国人现在是否享有这种自由，这不是我的事。在我只要说明这种自由已由他们的法律确立起来，这就够了，我不再往前追究。"[①]

① 译文见张雁深译《论法的精神》，上册，商务印书馆，1961 年版，第 155—166 页。个别词句有变动。——译者

我们很容易看出孟德斯鸠为什么这样重视主权者权力的划分。当时大陆国家的大多数政府都流行着专断和压制的方法，这和英国已经得到保证的法治精神以及个人自由的意识，形成了强烈的对比。绝大多数的大陆国家都屈服在名副其实的君主一个人的或排他性的贵族小集团的绝对权力之下。英国实行的是一种君主立宪制，在这种制度中，名义上的君主必须和议会两院分享他的权力，并承认司法独立。这种政府形式可以避免一个人或少数人进行无限制的统治时所带来的许多重大流弊，这一点是无可置疑的。英国在1688年光荣革命以后，就确实引起主权者权力的分立，这是一个似乎极有道理的假设。因为那时国王已经不再要求完全的主权，而下议院又还没有开始行使这种权力。不仅如此，这种假设中所包含的真理比那些反对旧式政府理论的著作家所承认的还要多。这个假设一旦经过孟德斯鸠精彩地表达出来之后，在英国马上就盛行起来。布莱克斯通采用了这种假设，只是对于国王在议会中无所不能的说法做了若干保留。孟德斯鸠所论断的和布莱克斯通所赞成的说法，被赋予理性与法律的双重权威。一部宪法的优越性，可以根据它将一个国家中的最高权力加以划分和取得平衡的精巧程度来衡量，这一点在政治文献中已经成了一种常识，而对于一切有教养的人们来说也成了一种自明的真理。这一条广泛被接受的原理后来由美国的创始人进行了实际检验。美国宪法就是为满足这一原理的要求而制定的。美国宪法的成功，可以说明它的基本原则并非完全不正确。

以上我们已经把边沁出版《政府片论》以前出现的主权理论追述了一番。我们也已经说过，《政府片论》的形式是对布莱克斯通的《诠释》一书某一小部分进行剖析。这是一种琐碎的、冗长乏味的、而且往往是强词夺理的评论。其中的细节无须加以细述。要紧的是把在这令人生厌的形式中所说明或蕴含的主权学说找出来。我们需要知道边沁是怎样看待主权者权力的性质、来源和可能的形式。要达到这一目的,最好是把边沁在探讨中所采用的那种不方便的次序抛在一边。

1.主权是什么呢?边沁对这一问题的解答,必须在好几段文字中去搜集。

"当一群人(我们可以称他们为臣民),被认为具有服从一个人或由一些人组成的集团(这个人或这些人是知名的人和某一类的人,我们可以称之为一个或一些统治者)的习惯时,这些人(臣民和统治者)合在一起,便可以被说成是处在一种政治社会的状态中。"

"因此就可以说……这个最高机构的权威,除非受到明确的协定的限制以外,不能认为具有任何可指定的和肯定的范围。如果说他们有任何不能做的行为,或者说他们做的任何一件事是不合法的和无效的,以及说他们超越了他们的权威(不论所用词句如何)、权力和权利的范围,不论这种说法怎样流行,都是一种语言的滥用。"

关于受到明确协定的限制的政府这一条件,边沁提出这样一种情况来作说明:"一个国家根据一些条款使它自己服从于另一个国家的政府;或者是,许多国家的统治机构同意在某些特殊事务方面接受某个机构或者是它们以外的另一机构的指示,这种机构可以由各个国家指定的人员组成。"

后来他又补充道:"如果说,即使根据协定也不能对一个国家的机构(它在其他方面居于最高地位)的权力加以限制……那就等于说德意志帝国、荷兰联省共和国、瑞士联邦,以及古代亚该亚同盟中不曾存在过政府这样的组织。"

从这几段文字中,我们便可以归纳出以下几点结论:第一,主权者是具有确定性质的一个人或一群人,许多其他的人习惯于对他们表示服从。第二,主权者的权威是无限的,除非是其本身同意根据一个明确的协定服从另一主权者,例如一个战败国家的主权者同意战胜国家所提出的条件;或者是一个主权者同意和其他一些主权者服从一个他们自身之外的机构,例如一些希望组成联邦的国家的主权者都同意服从联邦议会。除开这些例外情况,每一个主权者,一个自由国家的主权者和一个专制国家的主权者一样,都不受法律的限制。自由国家与专制国家之间的区别不在于主权者权力的大小,而在于这样一个事实:"自由国家中的全部最高权力是由共享权力的若干阶层的人们分享的。"

读过霍布斯与奥斯丁的著作的人,从这一段关于主权的说明中,就可以看出它和那两位作家的理论间的异同之处。边沁所说的主权者的权力和霍布斯所说的主权者的权力,其相同之点在于他们所说的主权者的权威一般是没有限制的。这种权威可能受到明确协定的限制,但这种协定显然必须是条约或联盟公约;这类条约或联盟公约,不单纯是约束这个主权者所统治的国家中的成员的法律。该主权者的权威不能受到一般含义的法律的限制。而且,这种主权者拥有无限权威的情况在自由国家和在专制国家是完全一样的。因此,边沁同意霍布斯关于主权不受法律限制的观点;但是他不同意霍布斯关于主权在道德上不受限制的观点。边沁承认，在某些情况下反抗主权的人在道德上可能是正确的，而霍布斯则否认这一点。边沁所说的某些情况，指的是合乎功利原则的情况。奥斯丁为主权者所限定的条件几乎和边沁说的完全一样。他和边沁一样认为，虽然主权者的权威可以受和另一国家订立的条约的限制，至少是服从该外国主权者有时发出的命令，然而却不能受法律限制。尽管奥斯丁要求他所承认的主权者的权威，当它本身是其广大臣民习惯于服从的对象时，它本身却不能习惯于服从任何其他权力，但是奥斯丁和边沁不同的地方是，他认为联盟公约的义务和主权者的性质是不协调的。奥斯丁认为，主权既不属于联盟中任何一个国家的统治当局也不属于代表所有有关国家的联盟当局，唯有那个能修改联盟公约条款的权威才具有主权。因为唯有这样一个权威才能任意修改法律，换句话说，唯有这样一个权威才具有无限制的权力来发布命令。

以上是给主权下定义的尝试，它们主要的价值在于强调了实际的主权和形式的主权之间的区别。对于一个研究政治学的人来说，这种区别是很重要的。一个国家中真正的统治权力和礼仪上被命名的主权者之间可能差别很大，它甚至和法定的所谓主权者之间的差别也可能很大。然而一个国家的政治个性，是从真正的统治权力那里得来的。由于有实际主权者存在，才使一个独立完整的国家有别于人群的集合——或是某个较大国家的一部分人，或是由若干国家组成的联盟，或是无政府状态下的一大群个人。由于实际主权者的性质不同，才区分出几种国家类型：君主制、贵族制和民主制。所以在政治与历史的研究中，几乎每一步都需要弄清实际的主权，以区别于礼仪上的主权或法律上的主权。这些定义中所说明的主权概念虽然是清晰的，但却是抽象的；它们是如此抽象，以致若不小心运用，就会误导我们去寻求一些比实际存在过的更单纯和更合逻辑的政治组织形式；或者说，使我们忽视政治组织的某些同样重要的差别，因为它们并非一眼就能看出。

因此，这些定义只是用不同的形式再三说明同一个概念，即主权者在政治联合体中，是习惯于发布命令而不习惯于接受命令的部分。主权者具有一种发布命令的无限权力，同时也有一种无限的免于服从的权力。这种无限制地发布命令的权力的范围，实际上差别是非常大的。一个主权者发布的命令可能是执行立法、司法与行政（大致的分法）这三种职能中的任何一种。但是梅因指出，在文明程度较高的国家中，立法是主权者最高的职能；然而在文明程度较低的国家中，主权者几乎完全是忙于行政与司法两种职能。在半开化的社会中，个人行动的必要指导，主要是由习惯与宗教的规则提供的。

此外，主权者的权力地位，就那些不是它本身所订立的法规来说，在不同的历史阶段中，差别是很明显的。主权者在某一个阶段中甚至可能和执行这些法规的事情很少发生关系。如果这些法规是由这个国家中的一个团体制定的，而这个团体的范围较小，但历史却较长，组织较巩固，道德力量也较大，那么，这个团体的统治集团就不大需要主权者来帮助他执行该团体特有的法律。比方说，一个15世纪的苏格兰高地的酋长，在执行他的酋长管辖权时，就绝不会梦想到要求苏格兰国王和议会来帮助他。如果这种法规是由一个大的宗教团体制定的，而这种团体在人数上和生命力上都强于国家，那么信徒们的良心往往就可以为宗教界的统治者提供一种物质的力量，使他们可以不需要世俗军队的帮助就能推行这些法规。例如加洛林帝国崩溃后的高卢教会的法规，英国在斯蒂芬和马蒂尔达发生内战时的教会的法规，显然都不是通过世俗统治者的权力来执行的，甚至到现在人们还在部分地服从这些法规，这也不是通过世俗统治者的力量实现的。在上述这类情况下，主权者对于这些把社会团结在一起的法规，在它们的执行方面并不比在它们的制定方面做得更多一点。在较为升平的时代中，主权者有时是直接被请出来执行这种法规，有时是由于没有其他权力者来执行，所以便请他出来执行。这时主权者亲自或派代表主持人所共知的王室法庭，并执行所谓的王室审判。他既然作为最高的审判官，就很难成为一个立法者。而当主权者开始立法时，他们所做的只不过是肯定已经被认为具有法律约束力的习惯。他们只是批准，或者最多也只是修改并非他们制定的法规的某些具体内容。只有在主权者权力达到最高峰时，非主权者所制定的法规才被认为仅仅具有道德的力量；而主权者所制定的法规，仅仅由于是主权者所制定的就被认为具有法律力量。如果用一些一成不变的说法掩盖这些政治发展的复杂情况，例如说，“主权者推行什么法规，他就制定什么法规”，或者说，“主权者准许什么，他就命令什么”，这种做法不外是歪曲历史，把我们的看法加于全人类。

只要主权者能实施他所惯于发布的命令，他便是一个真正的主权者。用梅因所举的例子来说：伦吉·辛格在他那个狭小的疆域内，就像维多利亚女王在她的较广大的疆域内在英国议会中一样，是一个真正的主权者。范围的大小，只是一个程度上的差别而已。任何主权者所能控制的都只是人们生活的一小部分。其余的部分完全要靠个人的良心、智慧和嗜好来掌握。所有的主权者都十分尊重风俗习惯,所有的主权者都害怕和宗教发生冲突。他们都知道,某些形式的压迫是安全的,而某些形式的改良却是危险的。主权者权力的特性主要不在于命令行使的范围大小,而在于这种范围有没有确定的界限。主权者的权力和从属的权力的区别,主要在于前者获得无限扩张的可能性。在某一时代或某一国家中,主权者权力的实际扩张的限度取决于政治发展所达到的程度。人民对于政治团结的感受愈深,对于政治行动的目标认识得愈清楚,主权者就愈活跃而有力量。

主权者设法通过命令去规定的事物,在范围上既然有很大的差别,他们的命令所得到的服从也就很不相同。边沁和奥斯丁都承认,最强有力的主权者所能夸耀的,也不过是社会上的大部分人给他以习惯性的服从而已。即使在秩序最良好的国家中,许多人仍然会偶尔触犯法律,而某些人则会常常触犯法律。在秩序不良的国家中,惯于触犯法律的人的确是很多的,而且会一直增加到使国家整个瓦解,直至出现无政府状态。这种瓦解在东方是很常见的,在欧洲也偶尔出现。但是,我们无法肯定,臣民的不服从到什么程度就正好摧毁了主权者。这也是一个程度问题,这只能凭印象来确定,而不能靠数学推算出来。

与此相同,主权者免于依靠国外权力者的程度也有数不清的等级。大多数的国家在某些时候,必须服从某一较强大国家所给予的命令。这些命令所规定的往往不只是一种行为或一种禁令,而是一个连续的行为过程。我们无法肯定,这些命令的数目多到什么程度,它们的范围扩大到什么程度,就会消灭接受命令的那个国家的独立,并终止该国主权者的权威。绝大多数人都会同意,土耳其的皇帝常常需要顺从俄国沙皇的意志,但他仍是一个主权者。人人都会同意,在我们宗主权下的那些印度土王已经不能成为主权者了。但是,在这些事例之间,人们还会发现许多其他争论不休的例子。谁又能大胆地说,塞尔维亚的政府对于所有的国外权力,能够充分地独立到可以称为主权者呢?实际的情形是,我们无法提出一个定义,可以解决这一切困难。同时也没有任何定义能够使我们定出一个明确的分界点——同盟或联盟对其成员国所加的限制一旦超过这个分界点,就等于剥夺了它们的主权。主权是一个复杂的事实,可以分成无穷的等级。这不像任何数学上的量,可以找到一个既抽象而又实用的定义。

这些说法,对于主权者权力的统一性与范围都是适用的。上面所讨论的定义,都说明主权者的权力是不可分割的。霍布斯所主张的主权者是如此毫无保留的绝对权威,这意味着它是完整无缺的独尊的权威。边沁所主张的主权者,则可能会受到明确的协议的限制,但这只是与别的主权者订立的明确的协议。奥斯丁所主张的主权者和霍布斯所主张的是同样绝对的,而且也具有同样程度的统一性。但是,事实上,主权者权力的统一性正像主权者权力的范围一样,可以有许多等级。在一个能干、深孚众望的政绩斐然的专制君主的政府中,就可以见到这种最完整的统一性。在团结紧密、纪律严明而又和谐一致的议会政府中,这种统一性虽然没有那样完整,但也十分显著。在意图和措施的单一性上,这样的议会和个人的统治是不能相比的,然而它却强于立宪君主制的复杂的主权者,也强于联邦制的更为复杂的主权者。在后两种形式的政府里，分权制度却不只是一种政论家的假说。最后的权力虽然可能存在于某一个人或一个集团的手中，但这种无上权威可能并没有得到法律的承认，或者，这是一种不能连续行使的无上权威。政府的一般工作是由一个以几部分组成的机构来完成的，在此机构内常常发生摩擦，有时还很可能陷于停顿。这种机构的权力是大的，但行动却迟缓，因为它所做出的工作是一个复杂的权力系统的产物。

在一个立宪君主国内，主权者的权力至少在表面上是根据两种不同的原则加以划分的。第一，表面上，立法权是由君主与议会两院来分享的。第二，表面上，立法、司法和行政的职权是分立的，分别由君主和他的议会，君主和他的大臣，以及最高法院来行使。这种职权的表面划分，在前一个世纪中被认为是一桩大事，甚至被认为是最高智慧的设计。在我们这一世纪中，这种制度的存在被普遍否定了。考虑这个问题的人们，可能认为这种职权的划分虽然不能进行得很彻底，但在某种程度内是可能的，而且对于政治事务的进程也有相当大的影响。比如在联合王国中，下院虽然在一般情况下肯定能克服上院的反对，然而上院也并非完全没有力量。首先，它在宪法上有参加立法工作的权利，而这种宪法上的权利总是其所具有者获得权力的泉源。其次，它可能获得下院中或国家中的一个党派的支持。因为虽然我们可以像谈论一个人的意志那样谈论下院的意志，事实上下院的意志仅仅是议会多数的意志，而议会的多数并不总是代表选民的多数。下院中的少数或它们在全国中的追随者，可能发现当和法律所承认的主权者权力的分享者联合起来时对自己有利。因此，下院的微弱多数在本院中可能通

过的措施，往往不能用来反对上院。甚至下院相当大的多数，也往往会把原来准备采取的极端形式的措施加以修改，以便减少上院的反对。这些公认的事实就足以证明，君主虽然失去了立法权，然而上院却仍然保持着参与立法的权利。

同样的说法也可以应用于立法、司法和行政三权分立的假说。目前立法和行政的职能是紧密结合的，正如它们各自行使其职权是很协调的那样。但这种紧密的结合是从采用内阁政府制时才开始的。这种政府使下院能通过自己所信任的人物，来控制那些无法由全体议员集体处理的公众事务。在内阁政府建立以前，立法和行政的职权的确是可以分辨的。国王在议会的协助下制定法律，国王又在枢密院的协助下执行这些法律。枢密院的行动是独立于议院之外的，虽然在它犯了特别严重的错误时，会促使下院拒绝拨款或提出弹劾警告。议院对于错误的政府可以制约和加以惩罚，但却不能直接或通过自己指派的人去施政。那时，行政当局确实具有一定程度的独立性；而司法当局现在仍然保持着某种程度的真正的独立性。国王根据议会两院的提案能撤掉法官，但由于下院是较强的一院，国王的权力还不如那个依靠下院的多数而存在的内阁。然而，如果我们认为法官可以很容易地由下院投票撤职，那便是大错而特错的看法。这不单是由于法律的和历代相沿下来的程序如此复杂以至使人们有辩论和思考的机会，而且由于众多的意志和意见未必一致的两院必须达到一致方能决定任何事情。把一个法官免职是件十分困难的事情，若无重大理由是很少被提出的。人们逐渐地产生了一种感觉，认为如果没有重大理曰而企图把一个法官免职就是冒犯国家。这种感情使法官席位的周

围筑起了一道坚固的防线，这道防线甚至比那用宪法的形式所筑成的防线还要坚固。它使英国的法官实际上独立于当时的内阁和议会中的多数。在这种意义下，就使司法权和立法权以及行政权分离开来。

留给君主和上院的职权，正足以使下院不能正确地称为完整的主权者。但我们必须记住，这三种权力的相对重要性，在漫长的岁月中是不断地在变化的，彼此之间一直有不断的权力竞争。其中任何一部分如果在立宪君主制中取得优势，通常就会设法压服另外两部分。王权在都铎王朝的时候强大起来了，到斯图亚特王朝时就企图破坏上下两院的权力。下院在往后的年代中占得上风以后，便一步一步地企图剥夺上院和王室残存的古老的权威。但是，这种长期的斗争是由于本能而引起的，不是有计划地这样做的。其中曾经有过多次长时期的休战，表面上至少出现过力量的平衡。孟德斯鸠的学说正是在光荣革命的竞争后出现的这种休战时期中提出的。对于那个时期的现实来说，这种学说有一部分是正确的。当时的主权者的几种权力虽然是不平衡的，但它们比现在却要平衡得多。

如果主权者的权力分立的说法在英国还没有完全失去其残留的意义，如果分权在过去比我们现在所能设想的程度更与事实相符的话，那么现在，在分享主权的各方面之间必定总是存在冲突的可能性。当发生冲突时，人们不禁要问，仲裁者又到哪里去找呢？唯一可能的仲裁者就是这个国家自身或者这个国家最有势力的部分。因此，我们可以说这是真正最后的主权者。作为一种修辞手段来说，这种说法是可以说得过去的，但要认真讨论起来，却又无法采用了。人民中一个既不肯定又变化不定的部分，一群不统一、不固定或无组织的群众，无论在法律上，还是在实际意义上，都不可能成为主权者。如果仅仅是由于对上述群众的干涉的恐惧，迫使在法律上具有权力的一方屈从于其他方面，那未必会违反正式的法律。而如果当这种实际干涉成为必要时，那就不只是破坏正式法律的问题，而是革命的问题了。到那时，迟早会出现一个新的统治权力，一个新的主权者。这可能是一个人，也可能是一个确定的集团。但在新的主权者没有出现以前，政治社会就解体了，公民则处在无政府状态之中。

在联邦国家中，主权者权力的分离比在立宪君主国中更加明显。在成文宪法下，主权者的权力可能被分成许多部分，而每一部分都将根据同一平等的资格来掌握。比如在美国，联邦政府和州政府在权力的范围上虽然不同，但在资格上却是平等的。在联邦政府中，总统、参议院、众议院和最高法院都根据同一宪法拥有其特殊权力，并且在各自的范围内同样都是独立的。但由于这些不同的当局都是根据成文宪法取得它们的管辖权的，因此能够修改宪法的机构，便可以认为是最后的主权者。奥斯丁就是这样把美国政体的事实和他的主权不可分割的原理调和起来的。奥斯丁认为，美国可以修改宪法的运作不便的立法机构，和联合王国的议会是相当的。在某种意义上，这种说法可能是对的，但在另一种意义上却又会使人产生错觉。在美国，可以修改宪法的那个机构，是一个特殊的机构，它只能采取特殊的行动。但联合王国的议会却是一个常设的机构，它处理国家的日常事务。美国的联邦当局和州当局是最高当局，直到上述特殊机构像它停止运作那样快地开始

运作时为止。它们之间可能发生争执,但尚未达到唤醒这个蛰伏的主权者起来采取行动的程度。而在联合王国,每一个低级的权力当局都经常提醒自己是从属于帝国议会的。如果有两个这样的机构在法律上有资格彼此对抗,就立刻会有一种新的法令来消除这样的分歧。在帝国议会中,这种冲突也是可能发生的,但出现的机会却很少,因为可能发生争执的各方为数很少,而且这种情形也不大可能持续下去,因为争执各方的力量是很不平衡的。

立宪君主国和联邦国家中主权的统一性是很模糊的,在不列颠帝国这样的政治体中则尤其模糊。女王在议会中所享有的主权者的权力,从法律上说应当包含整个帝国,因此肯定包括联合王国、印度和直辖殖民地。至于自治领实际上是否包括在内的问题,就大大地值得推敲了。比方说,在维多利亚的殖民地中,我们发现它服从着两个不同立法机构所制定的法律,一个是帝国议会,另一个是维多利亚议会。由于维多利亚议会是由帝国议会创立的,并授予它现在享有的权力,所以维多利亚议会从表面上看可能仅仅是帝国议会的代理机构。然而事实上,维多利亚议会并不只是一个代理机构。维多利亚的人民之所以服从这个议会,并不是由于它代表了帝国议会,而是由于它代表了他们自己。它所制定的法律即使和帝国立法机构所制定的法律发生冲突,也仍然会被人民所遵从。如果争执达到要用武力解决的程度,那里的人民也会用武力去支持它。很明显,维多利亚的立法机构和它所指派的行政官员虽然具有真正的和很大的主权者的权力,但是,它们的确并不具有完整的主权者的权力。在某些问题上,维多利亚人所遵从的法律,是由帝国立法机构制定的。同时在某些事情上,维多利亚的

行政机构也操纵在当时的不列颠内阁手中。不过维多利亚虽然不完全是一个主权国家,但它也不是一个真正附庸的地区。维多利亚的主权和联合王国的主权,实际上不是同一的。

当许多自治领,像加拿大自治领那样,联合起来组成一个联邦的整体时,问题就更加复杂了。在这种情况下,除了叙述联合王国与维多利亚两个地区的真正政治关系时所遇到的困难以外,还会发生我们在叙述美国的政治组织时所遇到的那些困难。对有的法学家来说,上述困难是无关紧要的,因为他在书本中看到,枢密院的司法委员会和帝国议会,有资格决定每一个涉及殖民地的宪法问题。但是,对于研究政治问题的人来说,上述困难则必然十分重要,因为他们知道司法委员会的裁决如果不适合自治领人民的胃口,就马上会被一个帝国议会的法案所推翻;而一个帝国议会的法案如果和自治领本身的立法机构的意见相冲突,也无法使当地的人民服从。

在这里,我们要再次重复地说,政治组织的类型就像动物的类型一样,是多种多样的,而且会不知不觉地从一种类型过渡到另一种类型。在每一类型的政治组织中,都有不同程度的统一性。但没有一种类型能有绝对的统一性,因为一个国家中的绝对的统一性会消灭个人意志的多样性。不过,在所有的类型中,又都可以找到程度不同的统一性,即使是在最松散的联盟中,也会在某些问题上产生或推进联合行动。因此,政治上的统一性,或者说主权者的权力的统一性,在形式上和数量上是变化无穷的。如果企图像给直线下定义一样给它下一个定义,那就误解了它的性质。我们可以说,奥斯丁在讨论这种统一性时,就像他在讨论主权者的权力范围时一样，由于使用了不适合于他所研究的问题的方法，则不但使他自己陷入困境，而且使他的读者困惑不解。他所讨论的是实际上的主权而不是法律上的主权，然而他是以法学家的精神来进行这个讨论的。法律概念可以用严格的二分法，即通过坚持绝对的“是与否”两种答案来讨论。但政治事实却无法用这种抽象的方法来研究。这些事实只能用一系列有条不紊的和互相限定的命题来加以叙述。

2. 主权的来源是什么呢？这问题在布莱克斯通写出他的《诠释》之前就经常有人提出了。17 世纪时，通常的解答实际上是这样的：主权的来源是社会契约，即人们自愿达成的协议，人们原先生活在自然状态之中，通过自愿的协议而组成一个政治社会，并因之而承认一个主权者。这一解答后来又被霍布斯和洛克以不同的形式提出来，但却被休谟否定了。布莱克斯通提到这一问题时，具有一种犀利的目光，这一点没有被边沁认识到。布莱克斯通甚至不相信有“混沌而无联系的自然状态”的存在，也不相信曾经形成过明确的社会契约。在他看来，最初的社会，是一些单个的家庭。他预示了一个更加合理的理论。在他那个时代以后，有些杰出人物主张过这种理论。他说：“社会一旦组成，政府就必然产生。”这话是很正确的。这样，他就避免了假定政治组织是直接从完全无政府状态中产生出来的错误看法。他在叙述上有许多不够准确和自相矛盾的地方，使边沁占了许多小便宜。但在讨论政治社会的起源时，边沁和布莱克斯通同样陷入了迷津。因为他和布莱克斯通一样，都是根据先天的感觉写出的，他也没有坚实的历史知识作基础。

关于主权的来源，边沁只能告诉我们说，它不是从一个明确的契约中产生的。如果我们进一步要求他提出一个肯定的说法，他就会说：政治社会之前是自然社会。“当一群人被假定为习惯于互相交换意见”而不习惯于服从任何一个人或某一群人时，这就是自然社会存在的时候。当其中的成员开始表现出这样的服从时，自然社会就过渡到了政治社会。但根据边沁的说法，自然社会与政治社会的分界线是看不见的，因为“这种习惯完全不存在的情况，即使有也很少，而完全存在的情况，则肯定一个也没有”。如果我们需要确定一个特定的社会在某一个时期究竟是政治社会还是自然社会，唯一的区分标志就是某些官职的设立，“……出现了具有某种官职名称的个人或团体，这些名称标志着他们是服从的对象，如国王、酋长、部落长、市长等等。”如果我们再问，导致这种变化的动机是什么，边沁显然就会答道，动机是希望得到政府将会带来的利益，也就是对于政府的功利意识。这至少是他的门徒奥斯丁的答复。他当然也会把强者为了自身的利益而统治弱者的许多事例作为例外。但是，他在这一方面和布莱克斯通实际上并无真正的区别，因为布莱克斯通说过：“人类由于认识到自己的弱点和缺点，所以就结合在一起。”

在这种关于主权起源的说法中，我们可以看到提出社会契约说的那种先验哲学的回光返照。边沁拒绝这种契约的观念，但却保留了与此观念有关的自然状态，在此状态中人人都是自由的。布莱克斯通说：“社会一旦组成，政府就必然产生，它对于保持与维护社会秩序是必需的。”边沁对这一说法，大加嘲讽，然而这一说法却是正确的。单纯的“互相交谈的习惯”并不足以构成可以产生国家的社会。政府并不是从我们所说的那种政治社会形成时才开始的。在所有的较原始的社会中，都可以找到发展程度不同的政府；唯有追溯到人类和低等动物几乎无法分辨的阶段时，才会完全找不到政府的痕迹。

在那个阶段中，人们就像畜群和鱼群一样，只是根据乐群和两性的本能而聚在一起，没有政府，同样，也没有组织；然而这种人群和政治社会相去十分遥远，所以研究政治学的人对此可以完全不加过问。如果像边沁那样，把这种社会加上自然社会的称号，和政治社会对立起来，其结果必然会使人发生误解。因为这种对比的说法，把原始群体和共和国之间无数的社会生活阶段都抛开了。如果像奥斯丁那样，把早期社会的各种形式都归纳在一个“自然社会”的名称之下，和政治社会相对立，也同样会使人发生误解。按这个名词的某种意义来说，所有的社会形式，从最粗野的部落或村庄，一直到自由最完整的或专制制度最精巧的社会，都同样可以说是自然社会，因为所有这些社会都同样是从人类的天性和客观环境所产生的。但在另一种意义上来说，没有一种社会形式是自然的。因为如果对于个人自由不加任何限制，就不可能形成任何超越偶然聚集的人类群体。然而，有对个人自由的限制，就意味着有执行限制的某种权威存在。将自然社会与政治社会相对立，使得边沁或奥斯丁关于本问题所说的一切走入歧途。我们可以轻易地把“政治的”这一词限于用来描述最高的联合形式，用“主权者”一词去描述最高的政府的形式；然而，我们最好拒绝使用“自然的”这个词，因为如果把它应用到低级的社会形式，就会使人产生误解；而应用到一切政府社会形式时，则没有任何意义。

关于这一问题，边沁所提出的唯一有价值的说法——为此我们能够赞扬他的地方——就是他否认各种社会类型之间存在着任何确定的界限。家庭渐次演变为村舍或家族，而村舍和家族则渐次演变为城市或城镇，城市或城镇又渐次演变为包括所有在某一地区生活或所有讲同一种语言的人的国家。因此我们很难说，一个社会要发展到什么程度，才能称之为政治的社会，而不称之为家族的或部落的社会。然而我们必须在某一个地方划出一条分界线，因为人们的常识会同意奥斯丁的说法，即把一个自治的家族称为政治社会是很荒唐的。梅因似乎不同意这种说法。理由是自治家族在很多情况下都是国家的胚芽。但如果我们真能肯定这种说法，我们就要使国家一词变得十分抽象，使它既可以用来指一个父权家庭，也可以用来指罗马帝国，而这样也就使它失去了一切作用。即使我们承认，政治联合体往往是从家族联合体中生长出来的，但由于这两者是如此不同，以至我们最好还是用不同的名称来称呼它们。因此，正确的说法似乎是：一个社会除非包含着相当多的人，或者至少包含着几个不同的家族，否则不能称为政治社会。这种国家的概念，意味着家庭与国家之间必然有所区别，但它并不排斥在希腊或意大利历史上起过作用的那些最小的社会组织。

在组织方面正像在范围方面一样，各种各样的人类联合体的形式，同样会相互会合和浸透的。正如边沁所说的，我们无法肯定社会发展出主权者这种机构的确切时间。父亲、酋长和村庄长老的身上，就存在着雏形的主权者的权力。在英雄时代的或东方世界的国王身上，主权者的权力的发展就更加具有清晰的轮廓。然而，唯有在西方文明的某些成熟时期中，它才表现出充分的力量。

但在这里我们又可以做出一个粗略而有用的区别。权威，唯有不再是家庭的以后，才能成为真正政治的权威。当统治者只是作为父亲、丈夫或户主而被人服从时，他就不是一个真正的主权者。唯有当他有别于并超过这个或那个户主时，才能成为真正的主权者。由于国家包括着许多家族，所以主权者的权力就要推及到许多户主的身上。

家庭联合体与政治联合体还有一个区别，那就是国家需要有固定的所在地即固定的领土，但家庭就不需要。这种必要性无疑地可以被认为是理论家的假说。如果认为爱奥尼亚和伦巴底的小城市具有政治性质，而对于经常推翻和建立帝国的游牧民族，却否认他们有政治性质，这似乎是很不合理的说法。然而一个游牧部落，不论人口如何众多，似乎从来没有超越过父权家族的类型。它由于在其他方面必然具有野蛮成分，而被谴责为一种野蛮社会。它不能深入地进行分工、积累财富或追求知识。它的每个成员彼此是如此相像，以致精密的组织对他们来说是没有用的，而且也是不可能出现的。它始终是一个扩大的家族，它所需要的只是一个家族的权威。然而一个部落一旦在一块固定的领土上定居之后，就几乎必然地变成一个国家。重要的是领土的定义而不是领土的范围。因为没有固定的所在地就不可能有真正的文化，而最高度的文化却可以在一块很小的土地上繁荣生长；高度的文化，立即意味着具有政治组织，并推动政治组织的发展。有高度文化的地方，就必然有真正的国家。希腊埃伊纳岛贫瘠的岩石和威尼斯变化不定的海岸，就足以作为真正政治社会的基础，在这些地方发展起来的社会的政治性与遍布德国和法国广大地区的那些社会毫无二

致。但是，在无数贝都因人或土库曼人走过了许多世纪的沙漠中，我们却无法找到政治社会。

3.主权有哪些可能的形式呢？关于这一问题，边沁在《片论》中谈得很少，而且主要是否定性的。布莱克斯通采取了传统的分法，将可能有的政府形式分为君主政体、贵族政体和民主政体。边沁吹毛求疵地指责他没有创见，但却没有指出他究竟是对还是错。布莱克斯通步孟德斯鸠的后尘，称颂英国政体将君主、贵族和民主的原则协调起来，同时又将最高权力赋予"三种彼此完全独立的权力者——国王、上院和下院"，希望以此来防止每一种权力者滥用职权。

边沁毫不费力地指出这三种权力不是互相独立的，而且也并非代表不同的原则。然而他并不打算为英国的政体提出另一种更正确的解释。他晚年经常指责英国政体是贵族政体。但是，他在《片论》中却只是暗示了这个结论，即指出这个政体不是贵族政体与君主政体和民主政体的结合。关于他这一说法的真正诠释，可以在奥斯丁的学说中找到。奥斯丁主张，政体的分类首先应当根据分享实际权力的人数。他说，一切政府不是一个人的政府就是少数人的政府。因此，所有的政府不是君主政府，就是贵族政府。但贵族政体亦有所不同，构成它的那个少数派人数可能很少，也可能较多，甚至可能非常多，因之便可以分为寡头政体、一般意义上的贵族政体和民主政体。同时这些政体又由于其成员的同质与不同质而有所区别。换句话说，组成贵族政体的成员可能全部符合同一的普遍标准，也可能符合不同的普遍标准。不同质的主权机构的可能形式是无数的，但人们最熟悉的这种机构的例子就是立宪君主国家中进行统治的那个机构。

同质与不同质的主权机构之间的区别是很有价值的,因为这种区别不但强调主权者的人数,而且强调主权者的组织。这是一种质的区别,不单纯是量的区别。它说明了许多历史事实,特别说明了中世纪自由政体与现代自由政体的主要差异。中世纪的议会包括着某几类人,他们所代表的主要不是人数而是地位,主要不是个别的公民而是法人团体。它代表国内的各等级和各种地方团体。但现代议会却趋向于变成同一种类型的人物所组成的机构,每一个人代表着同样数目的选民。各等级和团体则逐渐地被贬低为组成它的分子。即使不考虑扩大选举权所产生的影响,这种变化所产生的影响也是相当大的。然而,对这些影响做出估价的想法,已经超出了本导言的范围。

就灵活性而言,不同质的主权机构比起同质的主权机构来,似乎有显著的好处。从英国的历史中可以肯定地得出这一结论。18世纪的主权当局显然是贵族式的。然而它却从来没有像威尼斯的贵族政体那样成为无限制的贵族政体。它经常包含各种势力,并努力去实现严格的贵族政体必然会忽视的意见和想法。在构成英国议会的三个等级中,有两个等级人员的增补既是根据身份或财富的影响,也在某种程度上根据功绩;而第三等级则总是具有一种复合的性质。它将城市和乡村、人数和殷实程度等因素结合起来。大市镇与大郡的代表在发言时所具有的力量不能单凭他们在表决时所能获得的票数来衡量。选民人数很少的选区的代表,对于他们可能无法得到补偿的不幸,至少也可以把它们讲出来。这样,布莱克斯通时代的英国政体就成为最广泛和最自由的政体,正如以后业已证明的那样，它是历史上最富有灵活性和最广泛的贵族政体。

然而，我们如果一直把主权者和整个社会分离开来看，我们就无法认识到它可能具有的极端复杂的形式。在一般的情况下，决定政府性质的是整个社会的性质。政治社会正像单个的人一样，的确可以说没有两个是完全一样的。社会是怎样的，社会的主权者也是怎样的。主权者的权力可以大致根据好几种原则加以分类，然而这些分类都只能说明被分类对象的一般性质。其他的一切性质则必须个别地研究具体的政体才能知道。一个研究者即使已经完成了对政体的分析，也远远没有把决定此政体的力量、持久性，以及善果和恶果等全部因素研究净尽。因为除了主权者的权力或整个社会的构成形式以外，还有政治能力、统治者与被统治者的智力与道德水平等因素会限制他们政治上的成就。一个具有政治天才的民族，会制定优良的政治制度。但是，优良的政治制度，却不能弥补政治天才的贫乏。

政　府　片　论

评威廉·布莱克斯通爵士《诠释》一书导言中关于政府问题的一般理论。附一篇评论全书的序言。

> 没有任何东西比一个有名著作者的一本坏书更能阻碍认识的进步了，因为我们在授予知识之前，要先从解除迷误着手。
>
> ——孟德斯鸠《论法的精神》，第30章，第15节。[①]

注：《政府片论》第一版于1776年问世，作者未署名。这次再版仍遵照初版式样。

① 见张雁深译《论法的精神》，下册，第325页，商务印书馆，1963年版。——译者

序　言

我们所生活的时代是一个繁忙的时代，知识正在迅速地朝向完整的方面发展。尤其是在自然界方面，好像每一件东西都在被发现和改进。地球上最遥远和最偏僻的角落都被踏遍、被开发了。空气中生气勃勃和精微奥妙的成分最近已经被分析出来，并为我们所知道了。其他的一切纵使都不存在，光是这些也足以明显地证明这一令人高兴的真理。

与自然界的**发现**和**改进**相呼应，是道德方面的**改革**。如果的确有一种似乎普遍的看法，一种真正的看法，那就是认为道德界已经再没有任何**可发现**的东西了。也许，情况却可能不是如此。也许经过最能作为改革基础的观察，还可能从已往注意得不全面或完全没有注意到的事物中，找到可以称之为发现的东西。比方说“**最大多数人的最大幸福是正确与错误的衡量标准**”这一基本原理，到目前为止，在方法上和精确性上都还有待发展。

无论如何，**自然界**的**发现**如果还有发展的余地，而且如果发表出来也有益处，那么在**道德界**倡导**改革**，便也大有可为，而且益处也不会小于前者。如果认识**遥远**的国家对我们来说是重要的和有用的，那么肯定地说，把工作做得更好，并更好地认识那些使我们在**自己的**国家中能够生活得更幸福的主要方法，其重要性和用途

也不会小于前者。如果了解呼吸要素的种种原理对我们来说是重要的和有用的，那么肯定地说，理解唯一能保证我们在安全的情况下呼吸的法律的原理，并努力把这些法律加以改进，其重要性和用途也不会小于前者。如果我们想到有任何著作家（尤其是声名显赫的著作家）竟然发誓要竭尽一切可能，成为这种努力的死敌。那么我们又将怎样说他呢？我们会说，这种改革的利益，以及通过改革而取得的人类的福利，和摧毁他的著作是不可分割的：要摧毁他的大部分著作，至少要摧毁它们所受的重视和影响，不管这些著作可能以什么名义获得这些重视与影响。

我的不幸（不仅是我的不幸）是我看到，或者以为曾经看到，有名的《英国法律诠释》一书的作者，就是这样一个敌人。这位作者的著作，流传之广是无与伦比的。他比历来有关这一问题的任何其他作者所获得的重视和赞美都多，因之也就发生了同样大的影响。从许多方面来看，他获得这种影响的资格是无可争辩的。

正是由于这一原因，我在不久以前就想写出在我看来是这个作品中最严重的缺点，尤其是这个重大而又基本的问题，即反对改革。更确切地说，我要公开指出在我看来似乎是充满全书的带普遍性的不准确和紊乱之处。因为这样一种反对改革的狭隘情感，其本身就足够产生含糊与歪曲推理的总倾向，从那里不可能得到清晰与有价值的知识；某些理解的才智与心灵的某些情感之间的联系是何等紧密。

我是用这种观点把作者在第一卷中定名为“导言”的一部分拿来评论的。正是在此书这一部分中，包括了所有来自命名为一般原理的东西。正是在此书这一部分中，包括了这样一些初步的看法，他认为在这一部分适宜于提出某些实在的或想象的对象；他发现这些对象涉及他所研究的名实相符法律，即两三种自然法、启示法和某种国际法。正是在此书这一部分，他接触到若干有关一切法律或制度[1]的一般问题，或者至少是论及到整套的制度，而并没有特别多谈这一种而少讲另一种。

更具体地说，正是在此书这一部分，他对自己所讨论的整个法律的部门提出了一个定义。有些人认为这一部门是法律的主干，无须另加解释就可以径直称为法律。他为了把这一部门和分支部门[2]分开，所以就把这部门法律称为城市法。这一部分说的是作为母亲的自然社会和作为女儿的政治社会，以及在这种比喻的产床上出生的城市法这三者的性质和来源。这就是划分：即把法律划分成他所想象的几个部分；然后解释：即解释他用来说明任何可能出现的法律的方法。

具体到英国的法律方面，他在这里把英国的法律分成两部分。一部分是制定法或所谓成文法，另一部分是普通法或不成文法。(其实这两部分一旦确立之后，在含义上并没有不同，而只是在产生的来源方面有所区别。)这是解释所谓的一般的习惯或者在整个帝国范围内有效的，或至少在整个王国内有效的制度；这是解释特殊习惯，也就是在某些地区中按地区范围制定的制度；接着讲的是从某部分世俗法和宗教法中采用的具有普遍性的制度。这三者就

① 在这儿我加上制度一词，是因为要把普通法的法规和制定法的某些部分都包括在内。

② Membra condividentia，见桑德：《逻辑学》，第1讲，第46章。

是所谓普通法的三个部门。最后他还对于衡平法做了一个总的解释。这种法对于我们的命运是一个变幻莫测而不可思议的女主人。她的面貌不但我们这位作者无法描述，其他任何人恐怕也同样无法描述。开始时，衡平法只是法律的一根肋骨[①]，但在某个黑暗时期当法律睡着了的时候，这根肋骨却从法律身上取了下来。这不是由上帝取下来的，而是由有胆量的法官取下来的。现在衡平法却凌驾于产生它的姐妹法之上了。

我认为，所有这些，连同他对在英帝国不同地区内通行的这种法律的不同部分，或者说，在这些地区内这种法律具有不同程度的效力所作的说明——所有这些构成作者在其著作中称之为“导言”的那部分的内容。他把那善辩的“论法律的研究”作为全书的序言，其中所讲的并无什么启发性的内容，只是些华丽辞藻而已，我不打算管此闲事。

像这样一部篇幅巨大的书，是不可能逐一地全部加以论述的。所以我打算把足以代表该书的性质与面貌的那部分拿来加以讨论。就这一目的而言，我认为在这儿所提出的这个部分就已经足够了。这一部分的篇幅虽短，然而却是该书中最显著和最富特性的部分，也是作者独出心裁的部分。其余部分差不多全是编纂的东西。当我做过这样的审阅之后，我认为，只要审阅到能满足我的目的需要程度就够了：像这样一种费力不讨好的工作，我是无意再多做一点的。如果按照古语说的，应当从脚上去认识赫刺克勒

① 据《圣经·创世记》记载，上帝从亚当身上取下一根肋骨，变成夏娃，这就是女人的来源。作者此处隐喻衡平法是法律的派生物。——译者

斯[1]，那么，我认为，更应当从头上去认识这位作者。

在这种看法下，我就只讨论到他对国内法解说的中间部分。在这里，我不无惊讶地发现了本文所要讨论的题外话。它最初使我感到不小的惶惑。如果把我所探讨的书中这样大而重要的部分完全一声不响地放过去，那就未免太奇怪了。然而像这样一段光怪陆离的文字，如果要细加研究，不打乱讨论的思路就不可能进行。由于有这一种疑虑，我决定至少在目前暂且把它放下不谈。更大的原因是，我看不出它和前后各段文字有任何联系。放下这一段之后，我又继续从出现那段题外话的地方开始审查对国内法的解说，一直读到“导言”的末尾。看完之后，对于那一部分古怪的话就不得不作出明确的分析。结果是，由于不愿把在这方面已经开始而没有完成的事情放下，我就坐下来试图对这问题写出一个应该是一般性的简评。然而，当我考察得更深入时，就更觉得这段话紊乱而不能令人满意。我发现我自己愈是不知道如何处理时，要说的话也就愈长。读者所见的本篇，就是在这种情形下通过上述方式写得这样长的。在快要写完的时候，我忽然感到我所要讨论的那段题外话，和正文完全不同，完全没有联系。所以对题外话的评论和对正文的评论，也应当是或者至少可以是完全不同和完全没有联系的。对题外话的评论太长，无法并入对正文的评论之中。因为如果要把它和对正文的评论放在一起，便只能是一种附录的形式，似乎并没有理由把这两部分包括在同一本书中。对题

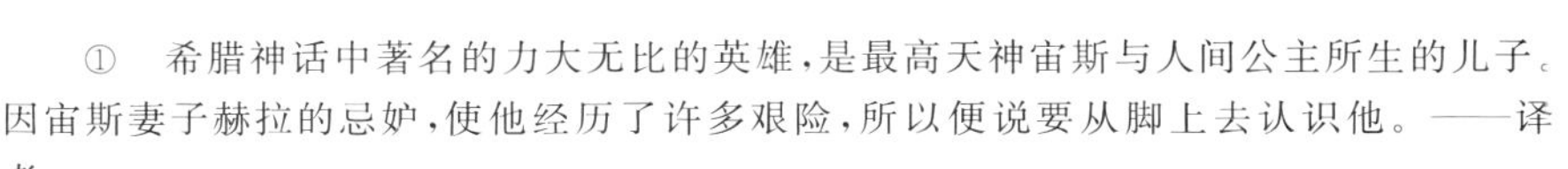

① 希腊神话中著名的力大无比的英雄，是最高天神宙斯与人间公主所生的儿子。因宙斯妻子赫拉的忌妒，使他经历了许多艰险，所以便说要从脚上去认识他。——译者

外话的评论虽然是最不重要的，我还是做了我力所能及和必要的润色，然后用现在这样分开的方式，先把它发表出来，作为一部书的第一部分——如果不是唯一的部分的话。而这部书的最重要的和剩余的部分，也许有一天会以《评〈英国法律诠释〉》的书名问世。

我的这一工作对大多数人来说，是很特殊的；对许多人来说，无疑是无法接受的。为了使我的立论更能站得住脚，或者至少能取得人家的谅解，最好是努力用比较明确的方式说明，我为什么为了真正的科学的和开明的改良的利益，必须对此书发动论战。因此我将指明主要应加以批驳的观点，同时我也不会忘记应加称赞的地方。

可以把对法律问题发表意见的人分为两类：解释者和评论者。解释者的任务是向我们说明他所认识的法律是什么；评论者的任务则是向我们评述法律应当是怎样的。因此前者的任务主要是叙述或探讨事实[①]；而后者的任务则是探讨理由。解释者在他的范围内所涉及的思维活动只是了解、记忆和判断；而评论者则由于他所评论的事情有时牵涉到那些喜欢与不喜欢的感情问题，所以要和感情打交道。法律是什么，在不同的国家中有差别而且差别很大。然而，法律应该是什么，在所有的国家中却在很大程度上是相同的。因此，解释者永远是这个或那个特定的国家的公民；而评论者则是，或者应当是一个世界公民。一个解释者要说明的是，立法者和他手下的法官已经做了什么；而评论者则建议说，立法者将来

① 实际上一般都认为法律和事实是对立的，但这种区别只是一种次要的区别。命令或禁止某种行为的法律，和做出这种行为的个人行动，同样是事实。至少，相对于可以作为某种法律成立的理由的种种考虑来说，该法律的制定，可以说是一种事实。

应当做些什么。总之，评论者的任务是讲授这门科学。他在一转手之间，就可以通过立法者的实践把这门科学变成一种艺术。

现在再回头来谈谈我们这位作者。在以上两种完全不同的职能中，唯有后一种在他有责任去探讨的范围之内。他宣称自己的目标是为我们解释英国法律以往是什么。“这些法律是成文法”，这一句话，就是他念念不忘的座右铭，评论（因为没有别的词可用，所以我只得取这个词的中性意义）的工作，按它可能有的含义，或在某种意义下，可以称为批评的评论工作。但对他说来，这只是一种装饰品和锦上添花的工作而已。这种工作如果做得好的话，对于他那本书的主要部分来说，的确是一个很大的装饰，对于读者来说，也大有启发和津津有味。然而，我们这位作者以及在他以前的同类作者却没有这样做，这并不能算他们的缺陷。如果在主要的评论工作上再加上这种工作，就会使作者增加新任务，并负担起新的责任。这种责任和主要的评论工作，无论可能有什么差别，但有一方面却是相同的，即在写作时必须不偏不倚，否则就不必做。

从一方面来说，如果一个人不分黑白地对现存的法律加以粗率地指责，那就可能使他自己处于受鄙视的位置。但从另一方面来说，如果对权力当局的工作顽固地或阿谀谄媚地加以维护，那么他便以某种方式，对自己所支持的权力滥用负有罪责。如果他躲躲闪闪地用一些强词夺理的大话图谋对自己不能为之辩护或不敢为之辩护的东西进行维护，使之免受责备，或向人推荐，他就更加负有罪责了。一个人如果只是按他所认为的那样描述一种制度是什么，那么制度本身所招致的赞扬与责难，便显然都无法归之于他，而且也没有人会认为他应当分享或分担这些赞扬和责难。但是，如果他不甘于这种较低的职能，而要为这种制度提出理由，提出他自己所发现或制造出来的理由，情况就完全不同了。由于他而流行的任何虚假或诡辩的理由，都应当由他自己负责。纵使在谈事实而不谈理由的书中，如果他不加批判地引用其他作者的话，那么他也是不能逃避责任的。这些话虽然是在原作者的名义下提出的，但既经他惹是生非地采用之后，就变成他自己的东西了。这和他以自己的名义提出来的并无区别，因为理由这一概念本身就意味着赞同。不加批判地提出这种性质的言论，就是接受这种言论。一个人如果的确不愿意看到某种理论会得到人们的赞同，他很少会不加批驳地用理由的形式把它提出来。他必然会通过某种方式开脱自己，他必然会采用某种方法使大家看到他所写的只是转述别人的见解，而不是提出自己的见解。他会把责难加在原作者的身上，或者至少也会注意到把自己解脱得很干净。如果他没有这样做的话，那么对这种省略最好的解释也只能说是他一时疏忽大意。然而，对公众福利的疏忽本身就是一种罪行。

奇怪的是有些人竟如此轻率地认为这样做是自以为是和忘恩负义，是背叛和恶毒；而我知道的只是，过去制定的法律在任何方面都可以作为适当的责难对象；我不只是这样说，这样认为，而且容许任何人这样想。至于产生上述奇怪看法的来源是不是把法律人格化了，好像法律是一种生物似的；或者是不是一种泥古不化的观念；或者是其他奇怪的幻觉，我在此不想探讨。有人认为当法律正确的时候加以辩护，比当它错误的时候加以批判，其功劳要大得多；在我看来真不知道这种看法有什么充分的理由。在一个法治的政府之下，善良公民的座右铭是什么呢？那就是“严格地服从，自由地批判”。

这点是肯定的：一种制度如果不受到批判，就无法得到改进；任何东西如果永远不去找出毛病，那就永远无法改正；如果我们作出一项决定，对每件事物不问好歹一味赞成，而不加任何指责，那么将来一旦实行这项决定，它必然会成为一种有效的障碍，妨碍我们可以不断期望的一切追加的幸福；如果过去一直在实行这项决定，那么我们现在所享有的幸福早就被剥夺了。

没有一种安排可达到“一切事物都各得其所”，因为这种说法，不但跟理性冲突，跟功利原则冲突，而且也是自相矛盾的。这种说法所表露的陈腐的理由，既不能谴责现存的一切，实际上，也不能为现存的一切作辩护；因为凡是现在已经确立的，都曾经一度是革新的。

对于政治制度抛出鲁莽的批评，结果是抛到自己头上，自食其果。对于这种攻击来说，受损失的决不是那个制度自身——如果它的基础良好的话。此人所提出的指责，要么会给人留下印象，要么留不下任何印象。如果没有产生印象，那就等于对此事没有说过什么。如果确实产生了印象，便自然会唤起某人出来为之辩护。因为一种制度如果对于一个社会真是普遍有益的，那么一定有许多人会十分关切地来保全它的。通过这些人的努力，它所根据的理由就可以大白于世。以往出于信赖而加以默认的人，看到这种理由之后，就会心悦诚服地来拥护它。因此，一种批评，尽管根据不足，也只不过使一种制度受到这种考验，可是在这种考验之下，那种只会使偏见流行的有关制度的价值将受到贬斥，而对真正符合功利原则的制度的信任将得到肯定。

同时，对于法律制度的批评，也决不是由于愤怒和不高兴而产生的。当人们由于愤怒和不高兴而发言的时候，他们的不高兴针对的是人而不是法律。"傲慢"①的对象是人而不是法律。肝火和烦扰诚然会促使人和其他当时在世的人物争吵。但是，当他们指责死的法律条文和已故的立法者的工作时，就不可能有个人成见存在，而总是由于看到了，或者至少是自以为看到了某些真正值得抱怨的原因。法律不会成为任何人的敌人，也不会成为任何人的对头。如果去问问那些喧嚷而不安分的人，就会听到这样的回答：

---

① "傲慢"；我们这位作者则把下述行为称为极端的傲慢（见《诠释》第 4 卷第 50 页）："批评那些至少比某一个人的特殊看法更可能正确的东西"——他所指的是某种教会制度。看来作者虽然还拿不定主意，究竟要发火还是要谨慎行事，但他仍然认为必须加上一句话（加上之后原话就化为乌有了）。在"以轻蔑的态度""批评"等字眼之后，他加上了"而且粗鲁"数字，似乎一定要有一个教授来告诉我们，用轻蔑和粗鲁的态度来对待事物就是傲慢。他已经说过，"把个人意见和公众意见对立起来"是"下流的"。他对于这样的话，并没有加以限制、说明或保留。这话是在他没有来得及做出审慎的考虑之前，在他最初陶醉在一种神圣的宗教热情之中的情况下说出的。普里斯特利（见《第 13 届议会法案评论》等书）和弗尔诺（见致布莱克斯通法官的书信集，1771 年第 2 版）两位博士，身为非国教的牧师，并为非国教的见解辩护，由于看到自己在这段话中受到特别的攻击，所以他们没有把这段话放过。《第 13 届议会法案评论》（见前言）的杰出作者，也同样没有把这段话放过，因为他感到这段话和他自己的事业相冲突，其同样的理由就是，这段话和一切自由的政治言论相冲突。

我手头的《诠释》是第一版。写完上面这一段话之后，我又见到了更新的版本。在这一版中，关于"下流"的那段话就像关于"傲慢"的那段话一样，被解释得什么也没有了。在这儿，作者告诉我们说：〔以恶毒和偏颇的态度〕作出与公共权威（其实他还可以加上个人权威）相反的个人判断是下流的。（见第 5 版，第 8 卷，第 50 页，与第 1 版相同。）我认为对于这一点我们应当感谢弗尔诺博士。弗尔诺和普里斯特利博士作了非常合适的矫正，使我们这位作者伤心之至，因此他们在许多方面都是负有责任的：这两位博士使我们的作者在原来就已经非常华而不实的原文上又加了许多这类的虚饰之词。他们还促使作者把一段确实带有强烈的宗教怨恨情绪的文字完全删掉了。（见弗尔诺书信集第 7 卷）在这一点上他们至少是做了一件好事。他们使他强词夺理，甚至使他大加删改。但我认为全世界所有的博士都不可能使他坦白认错。详情请参看他对普里斯特利博士的答辩。

法律本身是绝不会错的，而总是某些恶毒的法律的解释者败坏了和滥用了法律。①

因此，对自由批评现存制度的观念深感震惊的人，他们所感到的恐惧或装出的恐惧，都是完全没有根据的。社会的安宁同样不需要教训人们把一切都当做合理的加以接受，并像其他国家对待专制君主那样，卑躬屈膝和不加区别地服从这里的法律。这种说教的结果在某种人的性格中是显而易见的。他们在法学界中往往占据了过大的地盘。他们是一批唯唯诺诺和委靡不振的人，随时准备接受任何东西，默认任何东西。其智力不足以明辨是非，其感情也不足以抉择善恶。他们麻木不仁、眼光短浅、秉性固执、因循苟且，而且经常杯弓蛇影地庸人自扰。他们听不见理智的声音，也看不见公众的功利，而只会一心孜孜为利，并且趋炎附势。

这种恶劣的头脑，看来和前面所说的一种不相上下。如果掌握法律的人的心灵像这样脆弱，对国家来说，为什么是一件坏事呢？因为他们无力实现任何改良的事业。

像这样生来软弱的法律家和政治家，不但对国家增进福利的机会是一个致命伤，而且在任何时期对已有福利的维持也是巨大

① 对于法律的批评，唯有在一种方式之下才会害多于利。那就是否定法律的效力的批评。我所指的是，不顾利害得失而攻击法律存在之权利。但是那些久已制定的法律是很少会受到这种攻击的。这种攻击虽然是表达愤怒和不高兴情绪的最普遍的方式，但也是最后采用的方式，人们除非是受到个人竞争的刺激，否则很少会想到使用它。而新近制定的法律常常要遭到这种攻击。我所指的是所谓成文法，至于不成文的制度，则由于没有任何这样的东西作为确定的象征以证实其权威，所以不论它们怎样根深蒂固，它们的有效性都会受到无情的挑战。这是一切不成文法本质中所具有的一个严重弱点。

的危害。如果一个大臣的计划对于自己的国家是有害的，那么被他驱策和欺骗的人又将是怎样的人呢？在所有的人中，最合适的只有那些在权威者面前卑躬屈膝的人，这些人认为，如果在上司和前人所说的话之外，还另有自己的见解，那就是犯罪。

我们不妨郑重地考虑一下，纵使在最太平的时期，法律的采用和废除也是常常取决于十分卑微琐屑的情况；而这些情况和法律本身的用处，又绝无可以想象的关系。同时，在大部分现存制度的诞生时期中，人们的才智是多么贫乏；现在大多数人是多么地落后，他们除非由于考虑到个人利益或被激怒，就不会冒犯权威这个庞然大物的。我以为，人们如果适当地重视以上问题，就绝不会像我们这位作者一样热心于去恫吓人们，叫他们不要把现在的“个人意见”和一度是“公众的”意见对立起来；[①]也不会像我们这位作者一样，看到别人用精妙的理智去检验粗糙的制度时，不论人家获得了多大成功，就大发雷霆地咒骂他们是“傲慢”。他们反而会尽力去维护一种十分有益然而十分少见的倾向[②]：这种倾向和那些造成危险的普遍不满情绪的因素毫无关系，和那些支配群众的倾向也没有共同之处。他们的言论既不会表现出人们对维护现存事物的人所怀的偏爱；也不会表现对那些攻击者的愤怒。他们会承认，

① 参看本书第100页注①。

② 我们完全可以说它是少见的。这是一个无可置辩的事实。任何国家的法律界，在一个评论者还没有提供之前，早就提供了大量的解释者，这一事实足以证明上面那句话的真实性。当贝卡里亚出现时，明智的人欢迎他，就像信徒欢迎从天而降的天使一样。他可以被称为“批判法律学”之父。孟德斯鸠的书是一部兼具两种内容的混合作品。在孟德斯鸠以前，完全是纯粹的未开化状态。格劳秀斯和普芬道夫对于批判法律学，就像经院学者对于自然哲学一样。

如果攻击某些制度就是“傲慢”，那么，为另一些制度辩护就可以说是厚颜无耻。图勒依[①]曾经为酷刑辩护，这种酷刑是许多开明的国家根据“公众意见”而设立的。然而贝卡里亚（“傲慢”而“下流”的贝卡里亚！）却加以指责。如果要从这两个人中选一个的话，人们愿意挑选哪一个——辩护者呢，还是批评者呢？

如果一个人目光敏锐使他能够看出，而且有勇气使他能够指出某一制度体系的缺点，那就说明他的概念准确，使他能够对该制度体系做出清晰的叙述。因此，在一本夹叙夹议的书中，如果评论的部分充满着蠢话，那么同样的缺点必定也是叙述部分的特点，这是不足为奇的。

然而，对于我们的作者这部书的前一部分，仅仅由于其本身的原因；我完全无意去评论它。单纯的陈述工作似乎不大可能缺乏收获者，所以我无意把我的镰刀再伸向这里。

无论如何，如果我坐下来写一篇单纯上述性质的报告，那么我的感情就会和现在我所感觉到的完全不一样，而且笔调也会和现在我所采取的大不相同。当我决定评论这一部书所应采取的态度时，应当考虑的是，错误的污点究竟是限于某些部分还是遍及全书。在后一种情况下，招致反感最少，而且（考虑到全书的情况）最有利的办法是把它完全置之不理，坐下来试写一部更好的书。但如果全书并无普遍的错误，而只是分散在全书中的一些观点看来会引起异议，那么我就应坐下来以作者原先提出这些观点的那种

① 上一世纪的一位法国法学家。他的著作和我们这位作者的著作曾同样出名，而且在许多方面也具有同样的优点。他翻译狄摩西尼的书最为出色。但他现在已经被人遗忘了。

冷漠态度把那些地方加以校正。一部单纯叙述的著作中，如果不包含任何其他内容，而我们却用一种与原书相反的方法来评论它，便是不合适的和不必要的。对于理解方面不自觉地发生的错误，是不能横加指斥的，至少不能说这样做十分有理。唯一需要严加批判的东西，是感情方面罪恶的偏见。如果这样的话，我会继续分别提及全书的各个部分，然而该书各部分紧密难分地结合在一起，正是苛评别人的那一部分才使我对于全书不加分别地提出了指斥。如果有可能把其他部分的缺点同时指出来，当然会是很有益处的；但我认为更有益处的是削弱这一部分的影响。

不论怎样没有意义的词句，不论怎样错误的见解，只要有大人物名字的荫庇，就会在某种程度上流行于世。名声使某些看法得到原来无法获得的重视。如果这些看法单独存在，可能只会引起人们的鄙视。声誉是不容细加区别的。在某一学术部门中有长处时，就会自然而然地和不可避免地使人推测他在另一部门中也有长处。当这两个部门有明显的密切关系时，情况尤其如此。

一个人由于某种长处而被尊为青年人的导师时，他对于青年人心理的影响便特别惊人。那些从他所知道的东西里获得了，或是幻想他们是获得了，或是表现出他们是获得了知识的人，他们的判断就自然而然地会和他的判断一样；他们的推理也会和他的推理相同；他们所赞成和所指责的东西将和他所赞成和所指责的一样。因此，当一部著作的总的观点不正确时，其中不正确和有害的部分虽然只分布在某些地方，不加区别地对整部书加以指责也是有用的。

基于这些考虑，我们所评论的这本书，虽然具有一些优点，以致大大地迷惑了人们的视听，但无论如何它仍然不应当具有那种影响。我们如果不加注意而把它放过的话，这种影响就将继续支配人们的判断。

该书的导言部分是我专门要讨论的部分，理由在上面已经说过了。我这篇论文的议题甚至只涉及这一导言的一部分。我之所以要从这一小部分开始，是因为我发现把它和前后各部分分开更为方便。这一点此后还要详加讨论。[①]

我并不是说这一部分特别值得批评。也不是说，这一部分比其他部分更强烈地表现出作者反对改革事业和反对自由——改革的先声——的态度。

他不是在这一部分里践踏了个人判断的权利——这权利是英国人所珍视的一切东西的基础。[②] 他不是特别在这一部分里用许多毫无价值的说法亵渎了我们的理解力，也不是特别在这一部分里公开以护教者的姿态出现，为宗教的偏执辩护，或公开站出来反对国内的改革。

举一个例子来说吧，他不是在这一部分里想要说服我们：在市场占有一个货摊的买卖人是一个自找苦吃的傻子；而且因为这个缘故他就不该是受法律保护的对象。[③]

① 参看本书导言。

② 参看附注。

③ 我们的作者说："在一个市场的帐篷或货摊中不可能发生夜盗罪。即使货主可能住在里面，也是这样。因为法律除了房屋、教堂、一个城市的城墙与城门等永久建筑物外，其他一律视为无有。货主住在这样不牢固的住所中，是非常愚蠢的。"（见《诠释》，第4卷，第16章，第226页。）商人为了使自己不当傻瓜，他并不完全清楚在下列两条道路中选择哪一条：一条是放弃生意，再也不到市场去；另一条是留下货物，谁也不去照管它们。

他不是在这里把某一个人在制定一种法律时在场的事实作为其他千百万人应当服从这项法律的理由，而且服从的人根本就无须知道其中的情由。①

他并不是在这里，在明确地告诉我们说，必须有"实际强入民宅"的行为才能构成夜盗罪之后，接着又用同样明确的语言告诉我们，夜盗罪可能无须实际强入民宅，而这是因为"法律是不容谁来嘲弄的"。②

他不是在这里，在叙述某种法律——根据这种法律，安分守己的

① 他谈到议会的一项法案时说："这不像皇帝的敕令，依据民法，需要通过正式颁布，才能获得法律的效力，因为英国的每一个人在议会里有他的代表，从法律的观点看，他们都参与制定议会法案。"（见《诠释》，第1卷，第2章，第178页。）据我所知，这话可能是一个很好的法律的观点，因为一个有声望的法学家所说的任何话，都可以称为法律的观点；然而，这种话却不能认为是符合常识的观点。我相信，这一著名的警语，原来是柯克勋爵写的判词，现在却变了我们的作者的看法，而且可能成为比我以往和今后所知道的还要多的法学家的看法。使我感到痛心的是，许多感情最善良的人在一种无须浮夸巧辩的事情上，他们自己被迷惑了而又用同样的混话去迷惑旁人。

② 他的原话是："必须有实际的强入民宅，而不是单纯法律上的侵犯（也就是跳过一条看不见的设想的界限，可以构成民事上的非法侵入），必须有实际的强力侵入。"往下只隔了两句话，他接着又说："但从烟囱进入，被判为是夜盗罪的侵入，因为这种行为非常接近于可以判为夜盗罪的那些事的性质，同样，有下列情形之一者，虽然没有实际侵入行为，也被判为夜盗罪：（1）敲了门，等到门开后就怀着犯罪的意图冲进去；（2）托词借宿，抢劫户主；（3）托词搜捕奸盗骗使警察进入住宅，然后又将警察绑起来，抢劫住宅。因为法律不容用这种遁词来嘲弄它。……"（见《诠释》，第4卷，第16章，第226页。）还有什么东西比这种理由把法律嘲弄得更过分呢？

我只得承认，对于这些妙用无穷的小字眼如"为了、因为、既然"和其他同一类的词汇不断地被用在这些诠释中，我已经感到厌烦了。它们之中任何一个的出现都是对我的一个警告，叫我准备应付某些叠语命题或荒唐透顶的话。作者常常把同一件事情当成它自身的理由，一再搬出来贡献给读者。如果理由有所不同的话，就是上面所见到的这种情况。滥用这些字眼的其他例证，将在本文的正文中提出。把一件事当成它自身的理由的那些句子，简直可以编成一大部书。

基督徒根据自己的良心崇拜上帝也会受到处罚——之后，又以同样绝对的和洋洋自得的神情说，一切事物，对，“一切事物各得其所。”[①]

他不是在这里让我们相信(我们如其不信，那就是对“理性或公正”丧失一切信心)，我们的司法体系无论就其整体或其每一部分而言，都是完美无缺的典范。[②]

他不是在这里向我们保证，事实上，从来没有一项法律的改

① 作者说：“以上所说的话，并不能理解为损害了国教的权利，或赞成放宽尺度允许宗教方面一切粗制滥造的见解传播。我说的是传播；因为如果仅仅持有某种见解，而不竭力设法去传播，看来这是任何人世的权威者都难以审理的。我只是想通过回忆过去的时代，来说明目前制度的优越性。一切事物现在都已各得其所：除非是对异端邪说，也许应当更严格地加以限定。甚至在宗教法庭上，也不允许随意起诉，直到由适当的权威者预先宣布有关的信条为异端邪说时为止。根据这些限定，为了支持国教(我们似乎应当认为如果可以任意反对国教，国教就会不能维护它自身了)，看来这样做是必要的：教会人员应当有权谴责持异端者，但无权消灭或摧毁他们。”(见《诠释》，第4卷，第4章，第49页。)

当我看到第5版时，我发现这一段文字又作了这样的修改：在“一切事物现在都已各得其所”一句之后，又加上了“关于对异端邪说的宗教审理和宗教惩罚问题”。同时在“教会人员应当有权谴责持异端者”一句之后，又加上了“但不应当用尘世的惩罚来困扰他们，更不应当加以消灭或摧毁”。

原文的坏处经过这样修正以后到底得到了多大的补救可以从《弗尔诺博士书信集》第2版第2卷第30页中得到解答。

② 见《诠释》第1卷第140页。我不能完全肯定他这一说法究竟应当包括多长的时期。我也不知道这话是不是仅仅指他写作时那些有效的制度，或者也还指从当时起的任何一段时间内曾经生效或将要生效的相反的制度。

他的原话是这样：“我们生来就有权享受这一切权利与自由，除非我国的法律已经做了必要的限制。这些限制如此温和而有节制，任何有理性的或公正的人，只要稍微考虑一下，就不会愿意看到这些限制松弛。因为我们全都可以决定去做任何一个善良的人会愿做的事情。除了对自己或对别的公民有害的事情以外，我们是不会受到任何限制的。”

如果读者想知道这些权利和自由是什么，我就可以在同一页书中指出：“对于这些权利与自由必须用一切专制和压迫的方式加以镇压，对其他问题倒不能这样。”比方说，敬奉上帝的，而不一定要宣誓信奉三十九条信条的自由，便绝不是“任何善良的人”即“有理性的或公正的人”“所想望的”自由。

动，事后人们会找不到懊悔的理由。[①]

① 见《诠释》，第1卷，第70页。如果无法为一种制度找到根据，我们就可以假设一个。正是根据这种假设的力量，我们可以大声疾呼这种制度是合理的。这样一来，法律的一切后果便都是合理的了。

原话是这样："我们不是说，相隔这样久之后，法律中的每一条法规的根据，都永远可以明确地指出来，不过，只要这些法律中没有任何东西直接和理性冲突就够了。在这种情况下，我们就可以假定这条法规是有充分根据的。在英国法律中，自古就有这样一句话，"（他大有理由说，所有的法律都如此）"法律中某项已确定的法规，其根据也许无法记起或找出，因而〔肆无忌惮地〕被某些律令或新决定所破坏，这一条法规中所包含的明智部分，最终会在这种革新所产生的弊害中表现出来。"

有时一种见解已经表达出来了。但由于谨慎或概念上的混乱，又加上了一个子句来修饰主句，转而使得主句的意义化为乌有。在这种情况下，如果我们要公正地估计出全文的意向和可能的含义，我认为最好是将这个子句视为并不存在。这样做不足为奇。如果考虑修正的子句，那原来的意见就不能给人任何的印象。如果给了任何印象的话，那个修正的子句就已经被抛开了，结果是，原来的意见也像是没有被修正过一样。

我认为上一段话的情况就是这样。"肆无忌惮地"一语，根据我们的作者一贯的方针来说，是作为但书提出的。有了这个词，原来的意义就化为乌有了。而没有这个词，原来的意义又会趋于过分。如果这个意义已通过任何形式给人留下了印象，那就是在这种过分的形式下所留下的。

这里措辞之妙是妙在同一个口气里把"律令"和"决定"（即法庭的裁决）提了出来。似乎是说，法律中的法规，究竟是被其中的哪一种所破坏并没有什么区别。如果用决定（指的是新决定）来破坏已确定的法规，老实说在事实上是有很大危害性的。但这种危害性何以会成为危害性呢？是因为这条原来的法规是合理的法规吗？丝毫不是：只因为它是已确定的法规，即已经存在着的法规。至于合理不合理，相比之下，这只是一个微不足道的区别而已。

如果说公然反对现行法规的新决定是有危害性的，这到底是根据什么理由呢？这是因为它使人们的预期全都发生偏误，而且使人们对于法规的稳定性的信心发生动摇，不管这些法规是合理的或不合理的。人类一切有价值的东西，正是要依靠这种稳定性。不论这种决定对于受惠者个人方面的利益有多大，总不可能超过它对于整个社会的多数人的弊害。充其量这不过是为了部分人的利益而带来了普遍的流弊。用培根勋爵的话说，这就是为了给一个人煮鸡蛋，而点燃整座房子。

可见在这里，但书是不需要的："同已确定的法规相违背的新决定是决不能被接受的"，而正因为如此，就必须承认新决定是"肆无忌惮的"。如果做出了这种决定，肯定会出现很多"不便之处"。这时出现的事情是什么呢？绝不是"原法规的明智"，而是一种完全不同的东西——破坏原法规的愚昧。（接下页）

作者不是在这里，把法律当成一个城堡，来反对任何“从根本上”修正的意见。①

作者不是在这里，嘲讽某些心地善良的立法者——这些立法者所注意的是将法学的神秘外貌揭穿。②

(接上页)几乎用不着去专门说明，所有这些话对于律令来说，一般都不能适用。虽然某些特殊的律令也许会令人失望，这就意味着，它会和混乱的决定以同样的方式产生弊害。很明显，一条新的律令——除非是单纯的陈述性的律令——不能不和某些已有的法规相冲突。然而在律令方面，我们的作者又告诉我们说，一个“肆无忌惮的”律令产生了“不便之处”，这岂不是等于说，一些有弊害的东西产生了弊害吗？

某些老朽昏庸的政治家，不高兴某种革新而又无法说明理由时，所提出的说法就是这一类，他们反对所有的革新，原因就是因为它是革新。这是猫头鹰憎恨阳光的本性；也是那些政客的本性：他们善于死记硬背，对于任何事情，如果要求他们为自己喜欢的信条找出(可能是无法找出的)理由，或是要求他们放弃它们(这是不能忍受的)，他们就大为厌恶。

① 见《诠释》，第3卷，第268页，即第17章末尾。这一章最后有整整三页是反对改革的。其实，我们的这位作者在这里最好是不用比喻。他应当考虑这些话是不是会被用来重重地回敬他自己。他应当考虑一下，对他来说，若要把法律变成一座城堡，并不比那些软弱无力的请愿者幻想与鸟身人面的女妖一起住在这座城堡里更容易。他应当想想卡科斯(罗马神话中有贼性的巨怪。——译者)的洞穴，对于卡科斯衰弱的视力，对于他那邪恶而秘密的行劫习惯来说，最可恨和最危险的东西莫过于白天的阳光。

② 见《诠释》，第3卷，第322页。那些法律规定都是根据法庭的裁决制定的。全国每个人的生命、财产与自由，都要依靠对这些法规的认识。按照我们这位的作者的看法(《诠释》，第1卷，第71页)，案卷就是这些裁决的最可靠的史料。但是，直到45年以前，这些档案都是用拉丁文的法律术语写的。这种语言，一千个人中最多只有一个人自以为能看得懂。我们的这位作者认为，法律的案卷还应当用这种拉丁文的法律术语写，因为埃及的金字塔比巴尔米拉(叙利亚古城。——译者)的庙宇存在的时间更长久。他向我们指出，用拉丁文来说明这一问题时，就不得不从我们的语言中借用许多词汇。他以此来向我们证明拉丁文是最适用的。他引证了几段烦琐学者的术语，说明案卷并不比这更难懂；所以他让我们相信，这个问题总的说来，没有可抱怨的余地了。接着他便说：“我国古代法律从建立时起，到克伦威尔把它推翻时止，一直都用着拉丁术语。在克伦威尔时代，我国法律中有许多好的和坏的革新，其中有一种就是把案卷的语言换成了英语。但在查理王复辟以后，这种标新立异就不能再容忍了。律师们发现，其他语言很难像拉丁文那样言简而意赅。拉丁文继续被运用到1730年，而没有发生任何的不便。到了这一年人们又认为法律诉讼程序应当用英语写(接下页)

(接上页)成。因之便由乔治二世第 4 号法令第 26 章加以规定。”

作者继续说:“这样做,是要使普通人能够知道并理解在一桩案件的上诉和辩护中,在判决和案卷中提出或写了哪些对他们有利或不利的内容。我不知道这一目标究竟完成得怎么样,但我却猜想,人民有了多年的经历后,对于法律方面的事务还是完全和已往一样无知。”

在这一段嘲讽的话中,“标新立异”、“用英文写成”、“却猜想”、“完全和已往一样无知”,这些字眼足以表达作者的思想感情。我们的作者对于他所认为的立法机构的失败,是洋洋得意地加以暗笑,他的全部理智也压抑不住他的这种感情。

情况是这样:由于法学家的偏执或故弄玄虚,大部分的法律被难以辨认的字体和外国语言封锁起来。他所提到的那条法令,使他们不得不放弃那一套神秘的文字而恢复本国语言的地位。

这一步当然有很大的作用,但并不是一切都做完了。法律中仍然存在着随意假定、同义反复、搬弄术语、转弯抹角、前后不一、自相矛盾等问题。而其中毒害最大的随意假定,不论用到什么法律文件上,都会使其失去理性。

其结果是,法律(尤其是程序法)仍然很需要能被一般人所理解。立法机构的毛病是做得不够,而作者指责立法机构的却是他们竟然做了一点事。立法机构那样做了以后,就发出了一线光芒,虽然还有许多残云障蔽,但它依然不失为一线模糊的光芒。我们的作者非但不要求将这些残云除去,反而反对一切光明,而要求完全的黑暗。

他非但把这种变革说成是无用的,而且还要我们把它看成是有害的。他说了许多“弊害”。我们倒不妨看看这些弊害究竟是什么。

首先,许多年轻的法律工作者,由于被纵容用本国语言进行诉讼,以致不懂得怎样阅读古代案卷。我们的作者说:“许多录事和律师,甚至连乔治一世时期这样近代的案卷都看不懂,更不用说理解了。”

这种弥天大罪,比起几乎普遍的无知来还要糟糕多少,是完全不清楚的:是不是在某种罕见的情况下某些律师必须请人帮助;或者是在这种情况下,工作将由不懂的人手中转向懂的人手中。

其次,他向我们指出:“这样就使所有的法律诉讼的费用大大地增加了。律师由于印花税的规定,在一页之中只能写规定数目的字。由于英文有大量的虚词,写起来比拉丁文要长得多。改用英文以后篇幅大大增加,费用因而也就大大地增多了。”

如果可能的话,我倒认为这种狡辩的说法应当回敬给说这话的人。在这方面实际征收的税款,总的说来,如果不是一个恰当的数字,便是一个不恰当的数字。如果是恰当的,那又为什么说这是一种坏处呢?如果说是不恰当的,那么最明显的补救方法难道不是降低税额吗?

总之,这一改革的真正坏处——尽管我们的作者不愿承认这一点——似乎只是使人民大众,通过一种多少较好的办法,知道他们的律师在干些什么。一个公正和有能力的立法者如果幸而出现的话,他现在就可以不大困难地见到这情况了。

即使在这里[①]，像在其他地方一样，他想对身居高位的人献媚，但他至少在这里停止了偶像崇拜。[②]

因此，不是这一部分，甚至不是该书导言中的任何部分，是我要单独用心去分析的；它们不是毒素的主要所在处，而本书的目的是对这些毒素提供一种解毒剂。该书的这一部分所谈的问题很少是可以以评论者的身份来谈的。我们已经看到这一部分主要是解决属于初步性质的问题和提出大纲，对于任何特殊制度的细节都

① 参看本书下文，第3章，第7节，第182页。

② 在《诠释》第1卷第7章中，国王具有"种种特性"（《诠释》，第1卷，第242页）；他具有"无所不在性"（《诠释》，第1卷，第7章，第234，238，242页）；他是"完美无缺的和永垂不朽的"（《诠释》，第1版，第7章，第260页）。

这种幼稚的谬论是由假聪明在奴隶品性上产生出来的，既有损于人的正直气概，也有害于正确的理解。它们远不能把各种制度解释清楚，反而由于使现实具有寓言的气氛，因而使人感到迷惑。诚然这些并不是我们的作者创造出来的，然而他却接受了这一切，并且添枝加叶地把它再说出来。

人们也许会认为这不过是一些信手拈来的浮华辞藻而已，然而事实上却大不然。他是以严肃的态度一本正经地在讨论它们。他特别抓住了"国王的无所不在性"这一特点作为基础，说了一大套理论。他说得井然有条，先说某某事情是"根据"这一点推论出来的，接着又说某某事情是根据"同一理由"推论出来的。他还用了许多加重的词句，好像是生怕人家不知道他在郑重其事地说话。我们的作者说（《诠释》，第1卷，第260页）："由于国王无所不在，所以国王就不可能是撤销诉讼的人。因为撤销诉讼就是原告不出庭而放弃诉讼。""根据同一理由，我们也不能认为国王像其他人一样可以由代理律师来出庭，因为在法律上他永远被认为是亲自到庭的。"

当我们看到这一段的最后一句时，就会看到上面所说的情况。但当你还在看倒数第二句时，作者的话却是："永远出现的是国王的职位，而不是国王的本人。"这一切都是十分枯燥而严格的真理，这是作为一个比喻的依据的，引用了这个比喻使作者的文字生色不少。我们已经看到，国王是出庭的，也就是说他是不出庭的。国王的法官们也是出庭的。这一切都很明显，而且是明明白白的真理。接着他又用比喻说到，这些法官都是一些有特殊作用的镜子，人们朝这些镜子里望时，不会看见自己的面孔而会看见国王的面孔。我们的作者说："国王的法官们是镜子，将国王的形象反映出来。"

无暇涉及。我之所以选择导言而不选择其他部分，是因为它最能代表整体，而不是因为它为评论提供了最大的余地。

我们不妨从另一方面来看一看。我虽然大胆地指出了作者的缺点，但对于他的各种优点也应承认和尊重。这种公正的评价，不只是对他一个人，而且是对公众；许多年来公众一直在为他高声喝彩（不能设想他们完全没有权利这样做）。

该书的文体，严格而又文雅，从容不迫而又辞藻华丽。内容再拙劣的书，也可以因此而博得读者的赞赏。

总之，在所有讲授法理学而又是法律制度评论者的作家中，他是第一个用学者和绅士的语言来谈法理学的人。他使这门文句艰涩生硬难读的科学得到了润饰，为它洗清了官府里的尘埃和蛛网。即使他没有用那只能从科学宝库中获得的精密的思想来充实法律，至少也是从古典学术的梳妆台上拿了许多化妆品，把法律打扮得非常漂亮。他用许多引喻和隐喻使法律生色不少，然后再把她送到五花八门、甚至是最爱挑剔的社会人士中去；一方面是为了启迪他们，而更重要的却是给他们娱乐。

这部书之所以能够出名，最大的长处就是其文字念起来和谐动人。这种长处本身就能使一本别无其他长处的书在一定程度上受人欢迎，因为人们在很大程度上是受耳朵支配的。

解释者的作用可以分成两部分，第一部分是历史，第二部分是单纯的论证。历史的任务就是说明某一国家已往存在过的法律的情况。而我在此所使用的单纯的论证一词，则是指讲述现在的法律情况。[1]

在论证方面还有分类、叙述和推断等任务。在法律明确、清晰而肯定的地方，需要的是叙述；而在含糊、隐晦和不肯定的地方，需要的是推断或解释。至于分类，则是将几种实际存在的或假想存在的制度分为不同的几部分，以便做普遍的考察。此外还要确定这几部分出现的次序，并为每一部分取一个名字。

叙述与解释主要是用于各种具体制度。但具体制度的细节，我却无意详谈。如果用程序法的语言来说，我对这些题目是一无所知。从这种观点来看这部书，我对一般的意见就无可增损了。

历史这一门学问对于该书的结构来说，虽然并不是必要的一部分，但我们的作者却不无见解地把它加了进来，使单纯论证的枯燥作品，得到了解释和润色。他写这一部分时，笔调极为清丽，人人都为之赞叹。至于写得怎样真实，则因我个人没有很仔细地看过，所以就不便断言了。

论证者最艰巨而又最重要的工作就是分类。我们的作者在这一方面的优越是众所推崇的。我认为这是不无道理的。至少和已出现过的东西比起来，该书在这方面是较高明的。我们幸赖布莱克斯通，使法理学的要素得到了这样好的分类。在技术命名所能允许的范围内，几乎可以说是尽善尽美的了。如果技术命名被允

① 这儿用论证(demonstration)一词初看起来是有些不恰当的。其意义跟逻辑学家和数学家所用的意义，一看就知道是不相同的。在英文中，除开逻辑与数学以外，这词是不常见的。但在大陆各国的语言中，有许多其他的科学也常用这个词。比如在法文中就有"论植物学"、"论解剖学"和"论实验物理学"等用法。我由于找不着其他合适的词，所以只好用了这个词。

许用来标明和命名那些主要题目，那么，它就会成为除一种以外的所有技术分类的不可克服的障碍。因为用一般的词谓去命名，不是分类又是什么呢？在许多题目下进行分类，不是大规模地命名又是什么呢？以技术命名这种方式来指导技术分类，只能引起混乱和使人感到不满意。如果我们能理解什么样的一种分类才能称为自然的分类，出现上述情况的理由就非常明显了。

我认为，在任何科学中，对材料进行分类所根据的特性，如果对一般人来说，符合于人类本性的一般构成的特性，就可以称为自然的分类。换句话说，这种分类呈现在任何人面前都能自然地很容易吸引他并抓住他的注意力。这里所谈的材料或要素是那些我们称之为法律或制度的目的与行为。

现在讲到一般的行为，在这些行为中，没有任何特性能够像这些行为所具有的趋向性或背离性（如果可以这样说的话）那样，如此容易地吸引观察者并牢牢抓住他们的注意力，从而可以称为一切行为的共同目标。我所说的目标，就是幸福。[①] 任何行动中导向幸福的趋向性我们称之为它的功利；而其中的背离的倾向则称之为祸害。关于法律特别有所规定的行为，唯一能使人们清楚地看到自己所追求的行为的性质的方法，就是向他们指出这些行为的功利或祸害。总之，这是使他得到满足的唯一方法。

① 我们可以根据亚里士多德的权威意见，认为这一点是真理。我的意思是说，那些相信亚里士多德的权威胜于相信自己的经验的人，便会认为这是真理。亚里士多德说：“每一种艺术、科学或行为，都有某种‘善’作为目的。所以古话说得好，善是一切事物的目的。各种艺术和科学所追求的善诚然是各有不同的。”（《尼各马可伦理学》第1卷，第1节）

因此，我们便把功利称为一种原则，它可以用来控制并指导这门科学所研究的某些制度或制度组合体的分类。唯有用这种原则来解释这些制度的组合体所具有的名称，才能使它们的分类变得清晰而令人满意。

根据这条人人公认的原则来处理，对任何一个国家的法理学所作的分类，无须作多大变动就可以适用于其他的国家。

问题还不止于此，在这种情况下，恶劣法律的祸害就可以被发现。至少，由于这种法律在这种分类中很难找到地位，它的功利性就会被人怀疑。从另外一方面来说，技术的分类却是一个无底洞，投进任何废物都可以容纳下去。

人们不难发现，自然的分类会具有这种优点。各种制度只有在这唯一普遍的方式下，它们各自的特色才能表现出来。这个方式就是通过禁令使许多行为方式的性质成为犯法。[①]

这些犯法行为，可以根据它们背离共同目标的不同形式，加以分类而命名。上面已经指出，这就是根据它们的不同形式和祸害程度来分类。简单地说，就是根据作为判定它们犯法的理由的那些特性加以分类。至于这种行为方式是否具有这种特性，就是一个经验的问题了。[②] 恶劣的法律，就是禁止没有祸害的行为方式的法律。[③] 因此，恶劣的法律所禁止的行为方式，就不能称为犯

① 读者会记得，犯法可以是作为的犯法，也可以是不作为的犯法。我不打算单独提出用命令方式推行的法律，以免引起疑难。因此我使用了“行为方式”一词，这就既包括了作为；也包括了不作为或抑制作为。

② 参看本书第118页注②。

③ 参看本页注①。

法，这种禁止与经验冲突。总之，法理学的土壤经这样耕作之后，就可以在某种方式下排除一切不良的制度。我们也曾听说过，某个国家绝不容许有毒的东西在国土中存在，其情况就是如此。

这种分类的概述，就成为对法理学进行解释和评论的提纲。它对于启导臣民和评定立法者的作用是相等的。

简单地说，这样一个概述将是法理学现状的一幅带普遍性的地图，而且也是法理学应有状况的概述。因为它所包括的一些制度存在的理由将得到说明。我们看到，这种说明的方式则一致地是通过这些制度所组成的几大类的名称来实现的。在我们作者的提纲中，也有散见的例子。这些理由是什么呢？决不是技术性的理由，所谓技术性的理由，是只有律师才会提出或接受的理由；①而那些自成一套的理由，其表达方式也应该是自成一套的方式，人人都可以像律师那一样，能看得出这些理由的力量。

这方面的情形也没有值得我们惊讶的地方。任何法律的后果，或任何成为法律的对象的行为的后果（也就是人们唯一感兴趣的后果），除了痛苦与快乐之外，又有什么呢？它们可以通过痛苦与快乐这种字眼表达出来：至少我们可以希望，快乐与痛苦的含义

① 技术的理由一词出自希腊文 Téχνη 一词，原文指的是艺术、科学或职业。

功利是一般人都服从的原则。只有为宗教阶层的成见所阻，或被感情的力量所驱使时，才会产生另外的情况。我们已经指出，功利是他们评断法律和制度优劣的标准。法律界人物受到利益或幻想的诱惑，常常肆无忌惮地脱离这个标准，但这种情况不是我们在这里所要讨论的。因此，唯有律师而非别人所能接受的理由，才被称为技术的理由，也就是这一行业，或这种职业专用的理由。

是无须求教于律师人们就能懂得的。[①] 在唯一可以称为自然的分类的那种概述中，这样的名词，如果能划归任何科学的话，也只能属于伦理学而不能属于法理学，甚至也不能属于普遍性的法理学——这样的名词应当引起身居高位者的深思。

那么，对纯技术的类别名称又将怎样办呢？对于犯法，例如侵犯特权罪、隐匿罪犯罪、藐视法庭罪、杀人放火等重罪、蔑视王权罪等又将如何办呢？[②] 这几个名词，也就是它们所指的行为，其所涉及的法律，和以上所说的共同目标之间具有什么关系呢？什么关系也没有。那么它们在自然分类中又将变得怎样呢？一种结果是，要么它们将立即被赶到本质和实质形式的范围里去，要么，由于这些多余的东西根深蒂固而无法一下子完全加以消除，而仍然留给它们一个地位，让它们在概述的偏僻角落里存在：摆在那里不是要它们现在发出光，而是要它们来接受光。不过，将来也许要对此再加以讨论。

让我们再回头来谈谈我们的这位作者。由于他使用了一套盲目而难于操作的命名法，因而陷入进退维谷的状态中；我想，他所做的和处于同样境况的任何一个作者自然而然去做的无异，而他做的比以往任何人做的更多也更好。

尤其是在他的概述[③]的某一部分中，实际上可以找到某种方

① 法律的理由，简单地说，就是它所规定的行为方式的好处，或者（这是同一件事）是它所禁止的行为方式的祸害。这种祸害或好处如果是真实的，就必然会以痛苦和快乐的某种形式表现出来。

② 见我们的作者"分析"一章之前所附的摘要表，即第 4 卷最后一页。

③ 这正是他在第 4 卷中所谈的内容，此卷标题为"公众的错误"。

法的片断，至少可以说，这种方法已经接近于所谓的自然方法[①]。在这里我们可以看到“人身侵犯”、“妨碍治安”、侵害“健康”、侵犯“个人安全”[②]、侵犯“自由”、侵犯“财产”等等。我们在许多地方看到这些闪光，只是有些散乱而已。

最近，有一部所谓民法，不伦不类地模仿了这个概述，其中所说的完全是技术性的，简单地说，完全是漆黑一团。这里面所讨论的问题没有一个字母可以让人认为跟快乐或痛苦有任何关系。[③]

让我们再一次地回头来谈作者的《诠释》一书。纵使是从评论的观点来看，我也不能说这书一无长处。其中所评论的制度，只要

① “自然方法片断”一语见林奈著《植物哲学》“系统”一章，第77节。

② 这一名称是一个很恰当的例子，可以说明自然的分类在排斥不适当的制度方面所起的作用。我指的是那种被称为违反自然的丑行。我们的作者，把它归之于侵犯“个人安全”这一类，并进一步归之于“人身侵犯”这一子项目中。这样一来，他就说明了一个事实，即这一类犯法是侵犯个人安全，是人身侵犯。简单说，这种犯法是通过这种方式而产生痛苦的。这种行为如果说是得到同意后做出的，这样说便显然是不正确了。因为对同意者不构成侵害。如果涉及上述犯法行为的法律，除了依据上述事实以外就不能在这个分类系统中找到可以把它列入的地位，那么它就没有可以被列入的任何地位。这种法律就完全是恶劣的法律。这种犯法对社会的祸害，在这种情况下的确具有另一种不同的性质，而且应当归入另一类。而当这种犯法行为违反受害人意愿时，它就的确可以属于这一类，但应列在另一个名称之下。它可以列在强奸罪名称之下。

③ 我记得好像是塞尔登在他那部《座谈集》一书的某个地方，曾谈到他在做小学生时所产生的一个怪诞的想法。他说恺撒和查士丁以及其他许多古人都使他感到厌烦透了；他们所说的话中，没有一个字是真理。而且这些人也没有一个真正存在过，这不过是做父母的弄出来的东西想为子女找些事情做做而已。这些法理学上的技术性分类，也会使我们产生同样的印象。这是法学家在做文字游戏以显示自己的智慧，而不是有关国家幸福的科学。

然而，我们不要错待任何人。失败的地方都是困难较大的地方。上面提到的“分析”一章，在处理那个弄得一团糟的制度时，因为采用那种技术命名法所遭遇的麻烦比我们所遇到的麻烦要大得多。

有可能提出足够的理由，就常常都提出了这些理由。在这种情况下，评论者的任务的一半就是圆满完成了。同时，不好的一面也不是完全没有谈到。在“陪审制”这一题目下，对于这种审案方式中现存的缺点，有许多公正而有趣的评述。① 此外，在“根据案卷资料的不动产转让”这一题目下，对于胜诉一方的谎言与恐吓也有同样的评述。② 然而这些个别的评论和贯穿全书的强烈的总的倾向相比实在太少，和我们所看到的全书总的准则明显抵触，以致我简直不敢相信这是我们的作者写出来的。但是这些评论不仅指出了种种混乱，而且还提出了谨慎拟定的补救方法。人们会认为大概是有哪一个天使在我们作者的稗子地中，撒下了麦种。③

关于我自己的这篇论文本身，我没有多少可说的。我所公开提出的主要目标，就是指出这位作者的错误和缺点。所以这篇文章的任务，与其说是去立，还不如说是去破。当我以破为主的时候，立的工作是很难做得有成效的。

为了避免歪曲原文，并确保以公平的态度对待我们的作者，全文中将始终引用作者的原话。由于本文没有将原文的任何一句话

① 《诠释》，第 3 卷，第 23 章，第 387 页。

② 《诠释》，第 2 卷，第 21 章，第 360 页。

③ 对于改革事业，有人具有豪迈而坚定的感情，有些人则只偶然被迫做点贡献。两者之间的区别，我想，只要把这部《诠释》和另一部杰出的关于我们法理学的著作比较一下就可以看出来了。巴林顿先生曾写过一部大受欢迎的《杂论》，使人们对于法理学的问题长了不少见识。他就像一位为公众服务的现役将军，对于任何地方的诡辩和欺诈的堡垒（特别是杜撰），都毫无保留地发动猛攻。而我们的作者，在自己的职业中，就像一个诡计多端的党徒一样，只牺牲了少数的地方，而把其余的大部分保全下来。

如果不是巴林顿先生的著作在那样多的地方对于这位作者的毒素提供了解毒剂，学生们要取得有益的教导，就很成问题了。

放过，所以整个评论就可以称为毫不间断的评论。就一篇单纯讨论制度的论文而言，若作者是按照自己的计划提出的，则成败的关键大部分要依靠此评论各部分之间的安排次序和相互联系。可是在评论别人的著作时，就不可能建立起这种联系，至少不可能建立起这样的次序。我这篇评论的次序已经被原文的次序，或者说是为它的紊乱所决定了。

我们已经说过，本文的主要目的只能是去破。因此，我在这里面所立的少数论点，都不是代替读者去思考的，而是要请读者自己去思考一番。我不揣冒昧地说，在某几个有意思的问题上我做到了这一点；这是我在目前所打算做的。

在我所提出的少数几个论点中，我认为有几个是不易为一般人所接受的，很可能会引起激烈的反对。我对这些反对意见，是不会感到奇怪的，而且对于反对意见的动机也只有赞成别无其他想法。人民就是这样一群主人，我们无法在每一件事情上都能取悦于他们，同时又很忠诚地为他们服务。任何人如果决心始终不渝地坚持真理与功利的路线，就必须懂得怎样接受声息隐约的不朽的称颂，而不要接受转眼成空的大声捧场。

此外还有许多段落，也许还需要加以解释。但要提出这些解释而又能避免反对意见，是一种艰巨的工作，如果要做的话，也只有等到将来其他的机会了。为了思路的连贯，我们就不能漫谈得太远而脱离了原作者的话，因为我们评论的界线是由他的论述路线决定的。

导 言

一

本文所探讨的问题，是威廉·布莱克斯通爵士著的《英国法律诠释》中被该书作者称之为“导言”的那部分所包含的一些论点。他的导言分为四节。第一节包括他的《论法律的研究》一文。第二节的标题为“论法律的普遍性质”，包括他对多种问题（实际的和设想的）的看法，这些问题常常在法律这个通常的名称下被提及。第三节的标题为“论英国法律”，包括一些人们通常的看法，它们与最后提到的英国的法律有关，作者也许认为在他详细论述英国法律之前先谈谈这些看法是合适的。第四节标题为“论受英国法律支配的国家”，这一节说明在那些不同国家的领土范围内，接受英国法律的不同部分的情况。

二

在上述四节的第二节中，可以找到我们要探讨的段落。它在第一版中共有 7 页（从 47 页到 53 页）；这是我偶然看到的一版，我相信在所有其他各版中的页数相同。

三

我们的作者在谈论了“一般的法律”、“自然法”、“天启法”和“国际法”(这些,被设想为法律整体的各个分支)之后,他最后又谈到“国内法”。对这一类法律,人们在他们通常的文章中,都称之为法律而不加别的形容词。也许,在上面所有的种种法中,只有这一类法(除了那种可以称之为天启的法)才是在严格的意义上适宜于称之为法律的法。简言之,我们看到每一个国家中制定的这一类法律,都是该国统治者意志的表达。对国内法,他像其他人应该做的那样,提出了法律一词本身的定义;对这一个重要的和根本的名词,在我们的作者给它下了定义之后,令人觉得它从来未曾如此迫切地需要一个定义。

四

这个定义看来被定得非常精确。首先,它完整地被提出来,然后又分成几句话,每一句话的本身都是正确的、明白的。在说这个定义的过程中,他突然停了下来。这个时候,在他看来,是提出一段插话,或者一些插话的好时机;于是他谈到下列问题——政府是通过什么办法被建立的;它们被建立后可能采用什么样的形式;在我们英国所建立的政府形式特别优良。关于权利,他认为有必要告诉我们,每个国家的政府都具有制定法律的权利。关于制定法律的义务,他说这是加给政府的义不容辞的义务。在谈到最后两点时，我尽可能引用作者的原话；这样可以免于过早地展开讨论，也不至于在尚未讨论原话的意义之前贸然加以评论。

五

我们将要探讨的这段文章，刚好和后面的文章是毫无牵连的。没有前后引证或提及；没有前后相互支持的论点或例证。我们把这几页看过是一篇小作品被插进一部大作品之中。插入的和被插入的，除了被印在一起而外，几乎没有任何其他牵连。正是由于彼此无牵连，才能够让我们很好地把这几页单独拿出来探讨，而不会打断书中任何推理的线索，或者打乱任何次序的原则。

六

我们将要探讨的这几页文章所谈的主题，前面已经作了一般的说明。我相信，人们会发现这是忠于原文的。可是，千万别认为，这里的说明也许和我们的作者在下面他自己告诉我们的话几乎一样。他说[①]，“它”（这是指他对上面提及的定义所作的一部分解释）“当然会引导我们对社会的性质和文官政府作一次简略的探讨[②]；还有那属于一个国家主权自然享有的权利，不论把主权交给

① 《英国法律诠释》（以下简称《诠释》），第1卷，第47页。

② 为了确实不至于对我们的作者做出不公正的事，并且为了表明他认为会“自然引导我们去探索”的是什么，在这里，最好的做法就是引用包含上述解释的原文。他的原文如下：“再说，国内法是公民行为的规则，它由一国中最高的权力制定。”（接下页）

什么人行使，它是制定和执行法律的权利。”

七

我们会发现，他在这里没有说清楚通过什么方法去建立政府，或者政府建立之后，他们打算采用什么样不同的形式；他没有明确地告诉读者，这些问题将在几个题目中加以讨论。他没有说明政府制定法律的义务问题；也没说明英国宪法问题；尽管他在我们上述提及的四个问题中，没有一个像他对英国宪法问题说得那么冗长。关于政府制定法律的权利，这个微妙而易招人讨厌的题目，我们将会发现当他说明此题目时，好像他整个注意力都被它吞食了。

八

现在的情况是，我们面前一大段插话的内容，按照我对它们的分析，可以为我们提供写五章书的资料：第一章，我将称之为“政府的形成”；第二章，“政府的形式”；第三章，“英国宪法”；第四章，“最高权力制定法律的权利”；第五章，“最高权力制定法律的义务”。

(接上页)“因为立法，像前面说的，是最高权力最重要的行动，这种权力可以为一个人行使去约束另一个人。因此，法律有必要按照真正法律的含义，由最高的权力来制定(他还可以加上：或者至少为它所支持)。主权和立法的确是可以互相代用的名词；这一个不能没有另一个而独自存在。”《诠释》，第1卷，第46页。

第一章　政府的形成

一

看来，我们的作者在这篇论文[①]中给他自己提出的首要目的，是给我们一个有关组成政府的方法的意见，这也就是我们准备研究的问题。第一段和第二段谈的就是这个问题，看来印刷上的分段和思路上的分段并不完全一致。由于对这一段的探讨，将不可避免地大量提及原书文字方面的问题，让读者注意到这一点是合适的。

二

我们这位作者写道[②]："社会唯一真实的和自然的基础，是个人的欲望和恐惧。这并不是说我们同某些理论家一样，相信人类历史曾有过不存在社会的时期；相信由于理性的冲动，并由于人们欲望和软弱的感觉，单独的人们便在一大块平原上聚集起来，缔结

① "这篇论文"指的是前面导言所说的，可以当做单独一篇短文的那七页插话。——译者

② 《诠释》，第1卷，第47页。

了一项原始契约，并选择在场的个子最高的人做他们的统治者。这种认为确实存在过不连贯的自然状态的观点太粗糙了，以致令人难于认真地承认它；此外，很明显，这与已发现的，后来保存了两千年之久的有关人类原始起源的记录相抵触；原始契约说与历史记录都受到了单个家庭的影响。这些家庭在人们中构成了最初的社会，这个社会每日扩大它的范围。当它扩大到不能只凭畜牧业为生时（在游牧阶段中族长出现），它本身就必然地被各式各样的移居者分为许多小的社会组织。后来，随着农业的增长，可以使用和养活更多的人时，移居就不经常发生了，很多以前分开的部落又重新联合了起来；这种联合有时是用征服和强迫的方式，有时是由于意外事件，有时也许是通过签订了契约。虽然社会并不由于许多单独的个人在欲望和恐惧的驱使下订立了什么契约，便有了它的正式的开端；但是，正是人们的软弱和不完善的感觉使人类联合在一起；这证实了这种联合的必要性；因而这种联合就是社会的坚实巩固的和自然的基础，也是社会的凝聚力。这便是我们所说的社会原始契约的含义；虽然在最初的国家制度中，也许没有任何实例曾经正式地表达过这种契约，但是每一次联合在一起的行动，在性质上以及在道理上，都必须始终被理解和被意指为原始社会契约。这就是：整体必须保护它所有的各个部分，而各个部分又都要服从整体的意志。换句话说，这个社会组织必须捍卫它的每个成员的权利，而每个成员（作为对这种保护的回报）都应该服从这个社会组织的法律，如果没有全体的服从，这种保护就不可能切实地对任何个人起作用。

“社会一旦组成，政府就必然产生，它对于保持和维护社会秩序是必需的。除非产生了一些统治者——所有成员都必须服从他们的命令和决定，否则人们将依然留在自然状态之中，人世间没有任何裁判者去确定他们的权利，以及纠正他们的错误。”——作者就是这样说的。

三

如果在一个段落里，主要的术语时时改变它们的含义，有时是指这个东西，有时是指另一个东西，到头来可能什么意义也没有，那么，人们如何判断这篇文字的全貌就可想而知了。在我们上面读过的这个主要段落里，我们就可以看到这样的情况。例如“社会”“自然状态”、“原始契约”等等，为了不使读者厌烦就不一一赘述了。在一个地方，“社会”与“自然状态”是一个意思，而在另一个地方，它又与“政府”的意思相同。时而，需要我们相信从未有过自然状态这种状态，时而，我们又被告知它曾经存在过。同样，关于原始契约，我们被告知从未有存在过这种东西，这种观点是十分荒谬可笑的；但同时，我们又被告知，如果不假定有过这种东西存在，一切都无从谈起。

四

首先，社会意味着一种自然状态。如果用自然状态来表明人类还和万物混在一起，不分彼此，那么，我认为，当人类生活在政府管理之下以前，人们生活在或假定生活在这种状态之中。一旦人们进入政府管理下的状态，他们就脱离了这种状态。要不是有了政府，人们就要仍然留在自然状态之中。但是很明显，他曾一度用“社会”这个词来意指自然状态。按照他的说法，最先出现社会，然后才出现政府。我们这位作者说：“社会一旦组成，政府就必然产生，它对于保持和维护社会秩序是必需的。”紧接着他又说：“在统治者已经产生的状态下，所有成员都必须服从他们的命令和决定。”他对“政府”状态作了一个说明（这也不恰当），他说，“除非”人们进入他所描述的（政府）状态，否则，人们就将仍然“留在自然状态中”。可见，他再一次把社会说成是与“自然状态”相同的，并且与政府相对立。他总把自然状态作为一种状态来谈论，在这个意义上，就是说这种状态确实已经存在过。

五

第二，这是他在第二段开始时告诉我们的：在整个第一段里，社会的意思同政府的意思相同。然而，在进入下一段时，意思就变了。他一开始首先说的是“社会的基础”[①]，但紧接着他又用他阐述问题的方式对我们说，这是政府的基础。接着他谈到“社会”的“正式的开端”[②]；但他马上又告诉我们，所谓正式的开端他指的是“社会原始契约”[③]，由于这个契约，人们便进入了“一种状态”[④]，然

① 《诠释》，第1卷，第47页。

② 《诠释》，第1卷，第47页。

③ 《诠释》，第1卷，第47页。

④ 《诠释》，第1卷，第47页。

后他让我们理解，这是指一种状态“被建立”了，同时，人们已经同意去“服从法律”[1]。到此为止，第一段一直讲的“社会”，我认为，很明显，它的意思不能不与“政府”的意思相同。

六

第三，与此同时，这同一个“自然状态”——我们已经看到它是“社会”（据说这种状态仍然存在）的同义语，而且作者在下一页提醒我们，如果不是有了政府的出现，人们仍将“留在”[2]这种状态中——又是人们从未置身其中的一种状态。这是他明确告诉我们的。他说：“这一种认为确实存在过不连贯的自然状态的观点”（他后来解释说[3]，这是这样一种状态，人们在其中没有任何裁判者去确定他们的权利，以及纠正他们的错误）“太粗糙了，以至于令人难于认真地承认它”。[4] 可是，他在下一页中却对此予以承认。我们这才明白，这似乎是他在开我们的玩笑，所以第二段只是一段逗笑的话（人们也不会把它看做别的什么东西）。

七

第四，我们被告知，原始契约是从未存在过的东西，在任何状

① 《诠释》，第1卷，第48页。
② 《诠释》，第1卷，第48页。
③ 《诠释》，第1卷，第48页。
④ 《诠释》，第1卷，第47页。

态下都不存在:因此,当然在所有状态下都不存在。我们的作者说:"虽然在最初的国家制度中,也许没有任何实例曾经正式地表达过这种契约。"

八

第五,尽管如此,我们必须假定,它似乎在任何状态下都存在。我们的作者说:"但是,每一次联合在一起的行动,在性质上以及在道理上,都必须始终被理解和被意指为社会原始契约。"[1]他用四五页的篇幅谈到我们的政府,这时他变得更为冒失了,他直率地宣称[2],在最初形成政府时就确实制定过这种契约。他说:"立法机关是从那个通过社会的普遍同意和主要活动最初建立的机构变化而来的。"

九

让我们试试看,能否设法把被我们的作者弄得含混不清的一些词汇清理出它们的意义来。我认为,作者不加注解地把"社会"这个词在两种矛盾意义的情况下使用了。在一种意义上,社会,或社会的状态,与自然状态是同义词,与政府或政府的状态相反;在这种意义上,就像我们通常说的,可称之为自然社会。在另一种意

① 《诠释》,第1卷,第46页。

② 《诠释》,第1卷,第52页。

义上，它与政府，或政府的状态是同义词，与自然状态相反。在这种意义上，可称之为政治社会。这两种状态之间的差别，我认为还算是一种明显的概念，可以用一两句话来说明。

十

自然社会这一概念是个否定的概念，政治社会这一概念是个肯定的概念，因此，我们应当从后一个概念开始。

当一群人（我们可以称他们为臣民）被认为具有服从一个人或由一些人组成的集团（这个人或这些人是知名的人和某一类的人，我们可以称之为一个或一些统治者）的习惯时，这些人（臣民和统治者）合在一起，便可以被说成是处在一种政治社会的状态中。[①]

十 一

像我们已经说过的那样，自然社会状态的概念是一个否定的概念。当一群人被假定有相互交往的习惯，但同时又不具有上面提到的那种习惯，我们就可以说他们处在一种自然社会的状态中。

十 二

如果我们略加思索，我们就会发现，在这两种状态之间，这些

① 参看本书第132页注①。

名称和这些定义没有人们所期望的一眼便知的鲜明的区别点。当第一次提到它们时，也许它们的名称会令人想到，这两种状态像光明与黑暗那样界限分明；但是这些事物自身却没有决定性的界限把它们截然分开。构成我们所说的两种状态之间差异的条件，是存在或缺乏一种服从的习惯。因此，我们可以简单地说这种习惯存在（亦即完全存在），或者换句话说，在一种情况下，我们说好像有一种完全的服从习惯。我们也可以简单地说，这种习惯不存在（亦即完全不存在），或者换句话说，在另一种情况下，我们说好像完全没有服从的习惯。但严格说来，这两种说法也许都不很恰当。事实上，这种习惯完全不存在的情况，即使有也很少，而完全存在的情况，则肯定一个也没有。因此，服从习惯愈完全，政府就离自然状态愈远；这种习惯愈不完全，政府就愈接近自然状态。这些例子本身可能是存在的，在这些例子中很难说服从的习惯是否完全达到了建立一个政府的程度，但是人们必然认为，要建立政府，服从的习惯必须是完全的，不管它是否确实存在或不存在。[①]

---

① 1. 习惯是行为的总和，目前，我把那些自愿的克制态度也包括在这个名称之下。

2. 因此，服从习惯，就是服从行为的总和。

3. 一个服从行为，就是任何遵循某些上级所表示的意志去做的行为。

4. 一个政治上的服从行为（就这里所说的意义而言），就是任何遵循一个统治者所表示的意志去做的行为。

5. 意志的表达或者是口述的，或者是暗示的。

6. 意志的口述表达，是用被叫做言语的符号表示的。

7. 意志的暗示表达，是用除言语而外的任何其他符号表示的，在这些符号中没有一种比那些若时间已过而不按上述意志的要求去做，就要受到惩罚的符号更为灵验的了。

8. 上级意志的口述表达就是命令。（接下页）

(接上页)9. 当上级意志的暗示表达被认为已经等于说出来时,就可以叫做虚构的命令。

10. 如果我们可以随意地像罗马时代的法学家那样杜撰词汇的话,我们可以说这是一种"准命令"。

11. 成文法是由命令组成的,普通法是由准命令组成的。

12. 一种行为(它是一个实际的或假想的命令的目的)在被执行之前被称为义务或义务的要求。

13. 有这些定义做前提,我们现在就有条件提出一个概念,即在一个社会里,服从习惯的完全或不完全的意思是什么,并可以差强人意地证明是准确的。

14. 在社会延续过程中的一段时期内,组成该社会的人的数目,以及加于每个人的义不容辞的义务要求的数目;服从习惯的完全与否,取决于服从行为和不服从行为多寡的比率。

15. 在我们的国家中,服从习惯在撒克逊人时代比在不列颠人时代更为完全。毋庸置疑,现代比撒克逊人时代更为完全。虽然现代的服从习惯尚未如希望的那样十分完全,也不是及时地、很好地被设计和整理出来的那些法律可以表达的。只要人还是人,绝对的完全是永远不可能的。

从最不完全的政治联合状态到我们现在生活于其中的高度完全的政治联合状态,一种关于民族进化的、非常有独创性和启发性的见解,可以在凯姆斯勋爵的《历史的法律论文集》(Lord Kaims's *Historical Law Tracts*)中找到。

16. 为了使论述更方便和更准确,在这里弄清对同一主题的几种其他表述方式的意义,或许是有用的。就人们的相互关系来说,那些处于一种政治社会状态的人们,也可以说他们处于一种政治联合或联系的状态。

17. 据此,作为臣民的那些人对统治者来说,可以说是处于一种顺从或屈服的状态;而作为统治者的那些人,对臣民来说则处于一种权威状态。

18. 当这种服从被认为是被统治者的意愿或他们的愉快(这样说更合适)的自然结果时,我们宁愿用"顺从"这个词;当它被认为是统治者的意志或愿望的结果时,我们用"屈服"这个词。因此,这个词不能不加解释地运用,除非加上一种不赞成的注解。特别是在我国,人们已经习惯于这样一种看法,亦即认为在这种或那种意义上,所有合法的或值得称赞的政府都包含着被统治者的同意,这种看法已经根深蒂固了。因此,由于"屈服"这个词排除了,至少是不包括这种同意,通常在所谓坏的意义上使用它。这就是说,在这个意义上,它同我们正在讨论的目的的概念在一起,表达了一种附加的不赞成概念。这一附加概念,是加在抽象概念"屈服"上的,而这个概念自身未扩展到具体概念:"屈服者"。这种不一致性在语言上的例子很多。

十三

基于这些考虑，完全的自然状态的假设，或者称之为完全自然社会的状态，或许是作者所设想的一种可以有理地称之为奢望的假设，但是，一个在这种完全意义上的政府，也可以称为一种完全的政治社会状态，或者一种完全的政治联合状态，或者一种完全顺从于统治者绝对权威的状态，它们都是一个样。[1]

① 的确，每个人，至少是在他出生后的某段时间里，对其父母或对其他处于他父母地位的人来说，他都处于服从的状态。这是我们见到的完全的、至少是接近完全的服从状态。尽管如此，在这种环境里的服从状态所构成的那种社会，都没有达到这样的概念，即(我认为)一般被人们称为政治社会的概念。要想构成"政治社会"一词一般意义上的那种社会，需要很大数量的成员，或者至少需要能够更长久地延续下去的持续力。的确，为了这个目的，我认为需要无限的持续力。一个社会，如果是原来意义上的政治社会，那么，就其本性来说，依靠给它生命的那些原则是不能永远存在下去的。很明显，它并不是那种家庭的社会，在这种社会里，父母中一人或父母同时居于首位。在这种社会里，那确定的和一致的联合原则，使联合中那些天然的弱者——即孩子们——处于服从地位；不过，这是一种短暂的、连续性有限的原则。我怀疑，即使在一个家庭社会中，这种情况依靠旁系亲属关系是否能够长期存在；以及诸如此类的理由。虽然甚至在这种情况下的服从习惯，像我们所看到的例子中如此完全的服从的习惯，可能存在一定时间，亦即依靠同样的道德原则，使子女的服从习惯继续存在，直到他们的父辈的躯体(服从的习惯是由此而产生的)不在人间之后：我的意思是指爱慕、报恩心理、敬畏和习惯势力等等。但即使在这种情况下，当联系的纽带必定会变得难以觉察以前，或者由于延伸的范围太广而失去影响以前，上述子女的服从习惯也不会长久留存下去。

因此，在运用前面第10节所提出的政治社会的定义时，心里应该记住这些道理，以便使它同下面第17节的论述取得一致。

十　四

为了更彻底地弄清我们在这个问题上的观点，也许应该在这里提出一点要加以注意的事情。在某些人听起来，“自然状态”、“政治社会状态”这类用语，表面上可能含有绝对的含义，好像一个人或一群人，在这些状态中，或者在其他状态中，他们的情况是完全取决于他们自己似的。但实际上并非如此。任何附加于“自然状态”这种措辞的精确含义，也正如附加于“政治社会状态”这种措辞一样，能不涉及那些与据说生活在所说的状态下的人不同的人吗？对这一点并不难领会。正如我们已经看到的，这两种状态之间的区别，在于服从习惯。因此，就服从习惯而论，既不能认为它在任何人身上都存在，也不能认为在任何人身上都不存在。但是，这种习惯与其他一些人有关。因为既然有一方服从，就必定有另一方被服从。但这个被服从者在不同的时间里可能是不相同的。因此，一个人以及与他相同的一方可能表现出服从，但同时又表现出不服从；这是由于对不同的人，或者我们可以说这是服从对象的不同。所以，可以说一个人以及与他相同的一方，在同一时刻既在又不在一种自然状态中，这要看是以这一方还是那一方作为比较的另一方。这种情况，一般说来，当没有特殊的比较对象时，所有人都包括在内。因此，当简单地说到一大群人处于自然状态时，意思是指，他们相互而言处于这种状态，对世界上所有的人而言他们也处于这种状态。

十五

同样地，我们可以明白，同一个人为什么对于一个或一些人来说是统治者，而可能要服从另一个人；为什么在统治者之间，有的相互而言处于完全的自然状态，像法兰西国王和西班牙国王的关系那样；而有的则处于完全屈服状态，像瓦拉几亚和摩尔多瓦的大公们对土耳其的皇帝那样；[①]还有一些人处于有明文规定的状态但却是一种不完全的屈服状态，像德意志各邦对神圣罗马帝国皇帝那样。最后，还有人处于一种很难确定是不完全的屈服状态还是完全的自然状态，像那不勒斯王国对教皇那样。[②]

十六

同样地，还可以设想(不加详细讨论)，像所有人一样，一个人如何一生下来就进入一种对其父母完全服从的状态，[③]亦即对其双亲来说处于一种完全的政治社会状态，并可以由此进入一种完全的自然状态；然后通过进入不同的社会，依次进入任何数目不等的、完全程度不同的政治社会状态。

---

① 瓦拉几亚和摩尔多瓦当时为隶属于土耳其奥斯曼帝国的两个公国。——译者

② 那不勒斯王国是罗马教廷的属地，为了表示效忠，国王在即位时总是献给教皇一匹白马。王室的臣属有时对他的君主态度傲慢，但总是把他的白马送给他。

③ 参看前面第13节附注。

十七

同样地，还可以设想，在任何政治社会里，同一个人在不同阶段和不同情况下，如何可以对同样的另一些个人来说，有时候处于统治者状态，有时候处于臣民状态。今天，他可能在其他的人们中间以大法官的身份积极参与颁布一项对整个社会有普遍约束力的命令，明天，他可能因为没有服从他自己（我指的是那个以统治者的身份去行动的人）所颁布的有普遍约束力的命令而受到同一个大法官的一项特殊命令的惩处。我不必提醒读者，这种权威状态和顺从状态的互相交替，是多么幸运地在我们中间不乏其例。

十八

在这里，应该有一定的篇幅谈到关于不同的人在颁布的同一道命令中承担不同义务的问题；说明共同行为的性质；列举和区分半打或者更多的不同的模式，相同的双方之间的服从关系有可能存在于这些模式中；区分和解释"同意"、"代表"这类词以及其他有关的词汇的意义：同意和代表这些有趣但又令人迷惑难解的词汇，它们是许多争论的根源，也是许多仇恨的根源或者借口。但是，我们现在的计划范围不允许这种漫无止境、错综复杂的论述。

十 九

同样地，人们还可以设想，在同一群人中他们自己之间，如何在某一时期可能处于自然状态，在另一时期又处于政府状态。不论服从习惯完全到何种程度，它必须继续存在，以便构成一个政府。很明显，还可以想象，它也会中止。在不同的时机，它可能发生，也可能停止。

二 十

这种状态出现的例子并不少见。我们所说的那种社会类型在美洲的印第安人中存在过，它给我们提供了一个例子。按照我们所掌握的有关美洲印第安人的记载，即使不是在他们的所有部落里，也是在大部分部落里，我们现在说的那种习惯只是在战争期间出现，而在和平时期就停止了。由于协同一致地行动去抗击共同敌人的必要性，全部落都要服从共同的首领。当和平恢复后，每个战士又恢复他原始的独立性。

二十一

我们还有一个尚未摆脱的困难。它确实已经被提出，但并未解决。这就是要找出一种区别的标志——一种具有特性的标志——借以区别具有服从习惯的社会和没有这种习惯的社会，以及确定这种习惯完全到何种程度便构成一种政府的状态。我认为这个标志将要有一个可以看得见的、有决定意义的开始点，以使它一出现就能区别于没有这种习惯的社会，因为这一标志在此之前还未出现过。只有凭借这种标志，我们才可以确定在任何特定的期间里，任何一个特定的社会是处于一种政治状态，还是处于一种自然状态。我必须承认，我在哪里也找不到这样的标志，除非是确定了一些官职的名称：出现某一人或一群人，他们具有某种称号，足以表明他们是服从的对象，例如国王、酋长、部落长、参议员、市长等等。我认为，这就可以大致地把那些在他们自己之间处于政治联合状态的人们，与同是一群但不处于这种状态的人们区别开来。

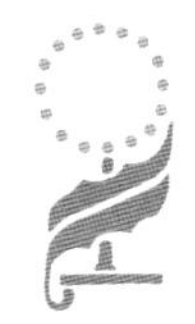

二十二

可是，假定组成了一个毋庸置疑的、大的政治社会，从它中间分裂出一个小的团体，通过这种分裂，这个小团体和大社会就不再处于一种政治联合状态，对于和大社会的关系来说，小团体使他自己处于一种自然状态。我们可以通过什么样的手段去确定发生这种变化的关键时刻呢？在这种情况下，把什么东西作为这种特殊的标志呢？可以说，这就是用新的称号任命新统治者。但是，假定没有发生这种任命，那么大部分人民不论是在旧政府下还是在新政府下，都是习惯于从同样的较低级的统治者那里接受命令。结果，那些较低级的统治者对单独一人（我们可以说，他就是全体的最高统治者）的服从习惯，已经在不知不觉中逐渐被抛弃了。这些较低级的统治者原来表示他们身份较低的旧称号，现在仍旧沿用，虽然他们已经成为最高统治者。在这种情况下似乎更难给以解答。

二十三

如果需要一个例子，我们可以举出荷兰各省与西班牙的关系为例。这些省份一度是西班牙王国的组成部分。但长期以来，它们已普遍地被认为是独立的国家，像西班牙以及其他国家一样的独立。它们对西班牙来说处于自然状态。曾有一度它们对西班牙来说处于政治联合状态，亦即，对一个单个统治者——国王，即西班牙国王处于服从状态。在哪一个准确的关键时刻这个政治联合发生了瓦解呢？这些省份在哪一个准确的时刻不再服从西班牙国王了呢？我看很难对此取得一致的意见。[1]

二十四

假定情况不是像上面所说的那样，不是所有的省份同时开始叛变，而是只有少数亡命者，进而由于其他亡命者的加入而逐步扩大成为一个无法降服的强大集团。那么，我们遇到的困难就更大了。古罗马或现代的威尼斯究竟是在哪一个准确的时刻变成了独立的国家呢？

---

① 经过考虑，我有点怀疑这一例子是否严格地符合历史。如果不符合，印度斯坦地方长官的叛离的例子可以回答这一问题。我首先选择前者是因为考虑到它更为人们所熟悉。

二十五

那么，一般来说，在哪一个准确的时刻，人们由服从一个政府变为不服从，从而对于这个政府来说处于自然状态呢？简言之，反叛发生的时间被认为是在什么时候？这个反叛达到成功的程度又在何时，并由此赢得独立呢？

二十六

如果说是个人的服从构成一种顺从状态，那么，他们的不服从就必定构成反叛状态。可是，人们的每个不服从行为都会构成同样的结果吗？可以肯定，绝对不能坚持这种意见。因为，这样一来在任何地方都不会出现像政府这样的事物了。这里有一两个区别明显地显现出来。可以把不服从分为自觉的和不自觉的——从法律角度和从事实上看都一样。[①] 我想，如果这种不服从无论从法律角度和从事实上看都是不自觉的，那么，人们不会认为它是一种反叛。从法律角度和从事实上看都属于自觉的不服从，又可以分

① 1. 当人们既不了解他所从事的这种行为本身是法律所禁止的，又不了解他所做的在那些情况下正是被禁止的，这样的不服从，从事实角度看，可以说是不自觉的。

2. 当他虽然知道他所采取的行为在实际上是被禁止的，也知道在那种情况下该行为是被禁止的，但他却不知道从法律角度看，这种行为在这些情况下是被禁止的，这样的不服从可以说是不自觉的。

3. 由于海外贸易不断发展，而对法律的知识像迄今为止一样被人忽视，那么，从法律角度看，不自觉的不服从事例必然是很多的。

为秘密的和公开的，或者换句话说，可以分为欺骗性的和使用暴力的。[①] 如果仅仅是欺骗性的不服从，我想是不会被认为和反叛一样的。

二十七

困难仍未解决。因为它仅仅与这种既是自觉的（从法律角度和从事实上看）又是使用暴力的不服从有关。这种不服从似乎不完全是由人的数量（即假定是不服从的人们）决定的，也不是由行为决定的，也不是由意图决定的：这三种情况也许都应考虑。但是，我已经将这个困难提了出来，我也就满足于此了，如果要进一步努力去解决这个困难，我就得讨论特定的地方性的法理学。我们就得给叛逆下个定义，以便同谋杀、抢劫、暴乱和其他这类罪行相区别——与叛逆相比较，这些罪行具有更多私人的性质。假定叛逆的定义已经决定了，那么，就以犯此罪的人而言，一次叛逆行为的犯罪就是我们要寻找的特殊的标志。

二十八

这些议论看来很容易占用更多的篇幅。当然，为使这些议论

---

① 如果认为必须举几个例子，那么，盗窃可以作为欺骗性的不服从的例子，抢劫则是使用暴力的例子。在盗窃行为中，不服从一方的人和不服从的行为都是尽量保守秘密的。在抢劫行为中，即使那不服从的人是难以说清的，至少那不服从的行为是公开和明显的。

更为充分，更为有条理和准确，这样做是必要的。但是，如果不超出我们当前计划的范围，就达不到这些要求。讨论到目前这种程度，上述论点可以作为将来更精确、更系统地探讨这一问题的一些线索。

二十九

无论如何，从前面说过的来看，我们就可以判断，在我们这位作者的论点中有什么真实性。“社会”（理解为自然社会）“一旦组成，政府”（亦即政治社会）（无论构成政治社会所需要服从有多少、到何种程度）“就必然产生；它对于保护和维持社会秩序是必需的。”我想“必然”一词的意思是经久不变地和迅速地，至少是经久不变地。按照这种认识，政治社会，在任何意义上，应该很早以前就在全世界建立起来了。实际情况是否如此，让我们从霍屯督人、巴塔哥尼亚人，以及我们从旅行者和航海家那里听来的许多野蛮部落的例子里作出判断。

三　十

归根结底，我们可能误解了作者的意思。我们一直假定他的意思是坚持实际情况，并且以历史观察家的身份写作，或者至少在开始动笔的时候是如此；然而，也许他的全部意思就是以审查官的身份在一假定的情况下，表达一种满意的感情。总之，也许他想说服我们的，并不是“政府”实际上确实真地“产生”于自然社会，而是说最好应该如此，也就是它对“保护和维持”人们“在有秩序的状态下”是必需的。在这种状态下，对他们应该更为有利。上面提到的他究竟以何种身份在说话，是我们必须留待决定的一个问题。也许，他甚至从未想到过这种差别。的确，不加说明地从一种身份转变为另一种身份，似乎是我们的作者已经习以为常的毛病。对此，我们也许可以找到不止一个这样的例子。

三十一

纵观全文(及其附录)，似乎可以看出什么是我们的作者力图抛弃的，什么是他想建立的。但是，他想怎样去抛弃，他想建立什么，我承认我自己无力去解决这些问题。他指出：“人类得以维持是那些单个家庭起作用的结果。”这就是他在《圣经》的权威基础上做出的假定。从这点出发，他想使我们得出原始契约的观点(这正是他后来接受的那个观点)是荒谬的结论。我必须承认，我还没有看到这一结论的说服力。人类是靠单个家庭维持的——就算是这样吧。那么，是什么东西妨碍了那些家庭的“个人”，或者妨碍了由那些家庭繁衍出来的家庭的“个人”，使得他们后来未能“在一块大平原上”或其他什么地方聚集起来，“缔结了一项原始契约”或其他什么契约，“并选择个子最高的人”或其他什么人，“在场”的或不在场的人，成为他们的统治者呢？我必须承认，作者在这一假定的事实和“通过单个家庭维持人类”之间所发现的“明显的矛盾”我是无力发现的。至于“确实存在过不连贯的自然状态”，作者说，“这种观点太粗糙了，以致令人难于认真地承认它。”实际情况是否如此，因为他对此一点也未加阐述，我不能加以判断。

三十二

尽管如此，在一个地方，我们似乎得到了某些肯定的东西。人类得以维持是这些“单个家庭”的作用；他告诉我们，这些单个家庭“构成了最初的社会”。这是要继续探索的东西。于是，一种类型或另一种类型的社会——自然社会或政治社会便建立起来。在这里我要说明一种情况，然后提出一个问题。在我要论及的这种社会里，尚未缔结任何契约，尚未形成任何服从习惯。那么，它仅仅是一个自然社会呢，还是一个政治社会？从我这方面来说，按照我刚才对这两种社会的看法，要我回答是毫无困难的。它仅仅是一个自然社会。但是，如果按照我们的作者的观点，它是哪一种社会呢？如果它已经是一个政治社会了，那么，作者对那一个将会成为自然社会的社会能给我们作什么说明呢？他能告诉我们通过什么变化，原先的自然社会变成了这种政治社会呢？如果这不是一个政治社会，那么，哪一种社会才是我们应该理解的政治社会呢？我们用什么标志把它区别于一个自然社会呢？很明显，我们的作者对此没有作出任何回答。如果说他作出过什么回答的话，那就是摆在我们面前的一大段文章所宣称的目的。

三十三

现在是我们该放过作者这一段文字的时候了。这一段中所用的词汇是论述这一问题所用的词汇中最引人注目的一部分，它们被排列成最和谐的顺序，粗粗一看，没有什么比这更美妙的了。通过政治学问的展览橱窗，人们会看见那里陈列着一种不易见到的、光彩夺目的、十分动人的作品。走近它一看，这种幻觉就会消失。人们便会发现它是这样组成的：有些是不证自明的观察结果，有些是自相矛盾的论述；有些是已经为人所共知的，有些则是无人能够理解的。

三十四

纵观全文，使我苦恼的是，虽然我没有看到任何可以被认为是荒谬的见解——我感到很难证明它们是荒谬的，但问题是，我没有看到任何见解，无论是正确的或是荒谬的（除非它在这里或那里是不证自明的），能让我发现它们要表达的意思是什么。如果我不能发现什么可以接受的肯定的东西，那我也就更无从反驳了。这后一类著作，确实没有给人们做点有益的工作，正如我们已经看到的那样，我们的作者本人已经充分地这样干了。

我必须承认，所有这些东西，对我来说是个谜。更严重的是，要解开这个谜，远非我的能力所及，必须要有俄狄浦斯[①]的本领才行。幸运的是，这个问题不是必须解决的，因为考虑到，即使解决了也得不出任何结果来。就我所能发现的任何东西来看，它本身毫无用处，它不能产生出任何东西。它在这里存在，也可以在其他

① 希腊神话中以善于猜谜著称的英雄。——译者

任何地方存在,或者在任何地方都不存在。

三十五

因此,即使可能解决,但解决了也没有什么用处。在我看来,它实际上是无法解决的,要说它有什么用处的话,也只有让人看看的用处。通过这个办法,许多心情沮丧的学者的情绪可以恢复平静了。如果谁现在心中充满了可以从这种教诲中获得丰收的希望,他就犯了一个错误,实际上,他无法收获到他的作者尚未播种的东西。

三十六

至于原始契约,由于作者对它时而接受时而嘲弄,在他尽力表达关于它的现实性和有用性的确切观点时,或许没有几页不是花错了精力的。以前,也许直到现在,还有一些人重视它,但现在却倾向于认为它是一个不值得注意的问题了。但愿在我评论我们的作者这篇论文之前,这个怪物已经被休谟先生彻底摧毁了。[①]我

① 1. 见休谟《人性论》第3卷。

人们可能认为,我们这位作者从未翻阅过休谟的这部名著。这本书,在一些人看来是谬误的,在另一些人看来是功绩,几乎已经被同一支笔后来所写的更加精彩的著作埋没了。也许我们这位作者因宽宏大量不屑提及,或者因谨慎不敢提及他从一个敌手那里获得的教益;或者更有可能的是,他不知道这位看问题深刻敏锐的形而上学学者对这个论题的论述是如此之多,他的著作大大超出了传统见解的常规。但是,在这里,这些担忧恰恰是多余的。那些在自由探索的风险面前最胆怯的人,那些(接下页)

想我们现在已经不像以前那样频繁地听到它了。人类不可毁灭的特权不需要建立在幻想的不稳固的基础之上。

(接上页)深信通向真理最可靠的道路就是只听一方声音的人,我几乎敢肯定,他们大多数人在他们认为是邪说的这本书第3卷中将一无所获。我并不希望引导这种读者采取任何与下述态度不同的态度,如果我记得不错的话,他们近来一直在如此激烈地反对这整部著作(像贝蒂博士的《论真理之不变性》)。至于这本书的头两卷,我倾向于认为,我们的作者本人并不抱有恶意去附会那些人的意见,那些人认为即使把这两卷书删除,对人性科学也不会造成任何重大的损害。也许,甚至可以说,第3卷的相当大的部分也是如此。但经过所有的删除之后,遗留下来的东西仍足以将人类置于无可推卸的责任之下。一切善德的基础蕴藏在功利之中。这个论点得到阐明,并提出最有力的证据——除了举出的少数例外的例子。可是,我与爱尔维修一样看不出这些例外的例子有什么必要。

2. 从我自己这方面来说,我记得很清楚,当我读了这本著作中有关这个题目(指一切善德的基础蕴藏在功利之中——译者)的部分,顿时感到眼睛被擦亮了。从那个时候起,我第一次学会了把人类的事业叫做善德的事业。

也许,扼要地描绘一下,在研究道德真理时,由于思想尚未成熟但却心怀善意,一个人所经历过的彷徨,在这里并非无用。因为一个人的精神发展的历史也就是许多人的精神发展的历史。我当年读了诚实而有偏见的克拉伦登伯爵的著作,由于他为人的完整无缺,由于他虽不够聪明,但后来生活得尚算不错,以及一种僧侣气息的感染,还有其他同时发生的原因,这些东西都引起了我早期对专制主义的好感。我居住地方的守护神,国家的权威,从教堂庄严的殿堂中发出的声音,所有这些都教给我,把查里称为殉难者,而把他的对手叫做反叛者。我目睹了改革,实实在在而且是光荣的改革,是他们反对他而做的努力。我目睹了虚伪,是在他们对改革不敢承担责任中看到的实实在在的虚伪。在被压迫者自我解放的努力中,我目睹了自私和一种对激情的召唤的服从。我目睹了来自严肃著作对君主制政府而不是其他政府表示强烈支持的论述。在消极服从者的身上,我看到了谦卑和自我克制这些基督教德行的深刻烙印。

在同律师们交谈中,我发现他们身上充满原始契约的优点,这是调和偶然出现的反抗的必要性和顺从的一般义务的最有效的处方。他们让我服用他们的这种药,以打消我的疑虑。但是,我那没有实际经验的胃却抵制了他们的麻醉品。我请他们为我翻开史书,看哪一页记载了签订这个重要契约的隆重仪式。他们在这一挑战面前退缩了;在这种压力下,他们不能不像我们的作者所做过的那样,承认所有这些不过是个虚构。我想,这件事看起来不太好。它在我看来,似乎是承认了一个不成立的原因,用一个虚构的东西来支持它。我说:"的确,要证明虚构的东西就需要虚构;但是,真理的特征是,除真理而外不需要什么证明。你们真有什么伪造事实的特权吗?你们在进行无目的的争论。你们无止境地纵容自己,假定那个非真理的东西为真理,而且(接下页)

三十七

关于原始契约和其他的虚构，也许在过去有过一段时期，它们有它们的用途。我并不否认，借助这种性质的工具，某些政治工作可能已经完成了；这种有用的工作，在当时的情况下，是不可能用其他工具完成的。但是虚构的理由现在已经过时了：以前在这个名义下，也许得到过容忍和赞许；如果现在仍试图使用的话，它就会在更严重的伪造或欺骗的罪名下，受到谴责和批评。现在试图提出任何一种新的虚构，都可以说是一种新的罪过。由于这种原因，吹嘘和宣扬这种已经被提出过的虚构就更危险，并且毫无用处。就政治洞察力而言，知识的广泛传播已经把人类提高到一种比以往任何时候都更平等的水平上：现在，任何人都不可能比他周围的人高明百倍，以致他可以肆意从事那种为了他们的利益而欺骗他们的危险行径。

三十八

至于现在摆在我们面前的这种虚构，当过去这样虚构时，它具

(接上页)会假定你们想要证明的命题本身是真的，以及其他因此而来的、你们希望去证明的东西。”从那以后，我深感不满意，也没有什么东西能使我满意，一直到我学会和认识了功利是衡量和检验一切德行的标准；认识到忠诚像任何德行一样重要；认识到促进普遍幸福是高于并包括其他一切职责的职责。在我已经得到我迫切需要的教诲之后，我坐下来整理我由此而得到的收获。我与原始契约告别了；我把它留给那些以这种喋喋不休的话来自娱的人，那些人会觉得他们需要它。

有一种为人类而争辩(*argumentum ad hominem*)的特征,而且如果实际上这样去做的话,它会不断受到称赞。

这些契约无论是由谁订立的,都应当得到遵守;人们有义务受契约的约束,这些命题就是人们在并不知道或者在没有问为什么的情况下,就被安排要普遍地接受的命题。他们已经习惯于认为,诺言经常被强制地遵守。他们已经习惯于认为,国王或其他人的所作所为,似乎都受到这些契约的约束。因而,对于"人们有义务受契约的约束"这个命题和另一个命题,即"要是一方不履行自己的义务,那么另一方也就不受对方的约束了",既没有人表示怀疑,也没有人要求为他们去证明这些命题。它们在理论上被认为是公理,在实践上被认为是规则。[①] 在任何情况下,如果认为摆出一副去证明这些命题的样子是适当的,那他这样做只是为了形式上的需要而不是为了别的;与其说是提出论据去反对对手,不如说是提醒或者训导那些默默无言的读者。在这种情况下,通常的做法是罗列一堆俯拾皆是的词语,诸如正义、公正的理性需要它、自然法支配着它等等。所有这些都不过是用许多方式提示:人们要坚定地听信这样或那样的道德命题所包含的真理,虽然他或者认为他无此需要,或者发现他说不出为什么需要。人们过于显著地和普遍地关心遵守这些规则的问题,以至于对别人用来支持他们的任何论点的说服力如何却毫不置疑。——这正如一句老话所说的:利益铺平了通向信仰的道路。

① 我认为可以给契约或合同(这两个词至少在目前这种情况下,它们的意义是一样的)下定义为:一对承诺,它们是由两个人相互作出的,即一方的承诺是作为对另一方承诺的回报。

三十九

因此，可以说，契约是由国王和人民缔结的。它的条款规定要达到的结果是：在人民方面，许诺全体服从国王；在国王方面，许诺始终以一种特定的，即有助于人民幸福的方式来治理人民。我所引用的不是原话，我只担保意思不错。至于一种设想的约定，由于被那些设想它的人描述得如此不严格而且用词如此不一致，它可以被说成具有任何决定性的意义。因此，一般说来，可以假定，诺言一旦作出就应该遵守。事实上，这种特殊意义上的承诺，是由上面说的那一方作出的，当这样的承诺被破坏时，人们宁愿相信他们自己有资格去评判，而不愿直接公开地去解决这一棘手的问题。所以，当国王的行为与他的人民的幸福相抵触时，最好的办法就是不再服从他。

四　十

很明显，几乎不用考虑，这样做最终会一无所获，解决不了任何难题。像以往一样，仍然有必要去确定人们力图要回避的问题，为的是确定它是人们考虑用另一种东西去取代它的那个问题。还有必要决定，上面谈到的国王是否已经做了或者还没有做与他的人民的幸福相抵触的行为，以致人民最好不再服从他；这是为了决定，那个假定是他所做出的承诺是否已被践踏了。这一承诺所假定的意义是什么呢？就是上面刚刚提到的那些内容。

四十一

假使说，这种承诺至少有一部分的意思是依照法律进行统治。这样一来，通过这种假设的承诺，就为国王的行为，制定出一种比那种依照他的人民的幸福而进行统治的不明确的和一般性的规则更为精确的另一规则来。于是，通过这种办法，法律的文字便构成了统治规则的要旨。

现在实际情况是，如果用与法律相抵触的方法进行统治，就是一种与人民幸福相抵触的统治方法。这种蔑视法律的自然结果，如果说，不是实际上摧毁了所有那些基于法律上的权利和特权，至少是使它们受到了毁灭性的威胁；而人民的幸福依赖于享有这些权利和特权。但是，我仍不能有把握地将这一点认为是我们目前所谈的这个承诺的全部意义。这里有几个原因，首先，因为最有害的、而在某些政体之下又是最行之有效的、与人民的幸福相抵触的统治方法，正是通过制定与他们的幸福相抵触的法律本身。其次，有一种可以想象得到的情况：一位君主可以极大地损害了人民的幸福而没有违反任何一条法律的条文。再次，可能在此时或彼时出现例外情况，在这种情况下，违反法律的行为比遵从法律的行为，在当时也许更能促进人民的幸福。最后，并不是任何一次单独的违法行为，都可以被恰当地看做是国王不履行他在契约中的职责，因而可以认为人民已经不再具有履行他们承诺的义务。因为，如果放弃那种虚构，恢复平凡的真理的语言，那么，并不是任何一次单独的违法行为，由于顺从它而造成的损害，都会超过由于抗拒

它而可能造成的损害。如果把每一次的不论是什么样的违反的例子都看做整个契约的解除，那么，我相信，任何一个有这种想法的人在世界上任何地方，都很难发现一个政府，他能够允许它存在达二十年之久。因此，即使批准了对此问题的任何可靠的决定（它是这种虚构的发明者用来代替那真实决定的代替物），很明显，这个"可靠的决定"仍然必须加以决定。他们通过他们的发明所得到的一切，就是便于转弯抹角地，也可以说是从侧面间接地决定这一问题。这是一种粗糙的、轻率的方法，没有经过任何直接的和扎实的探讨。

四十二

但是，到底是根据什么理由，人们应该遵守诺言呢？当前被提出的可以理解的理由是：正是为了社会利益，他们必须遵守诺言；如果他们不这样做，等到惩罚来临时，就会迫使他们遵守诺言。正是为了整体的利益，每个个人的诺言都必须遵守，而不是不须遵守。这样，不遵守诺言的人就必须受到惩罚。如果有人问，这样做会出现什么情况？答案是现成的：他遵守诺言，就会获得利益，避免损害，其好处会大大超过对如此多的惩罚所造成的损害的补偿——这些惩罚是迫使人们遵守诺言所必需的。是否利益和损害（亦即愉快和痛苦）依赖于人们在这方面的行为呢（像这里所阐述的那样）？这是一个要解决的实际问题。其他一切需要解决的实际问题，都可以同样用寻找证据、观察和体验的方法去解决。[①]

四十三

这就是人们为什么被迫遵守诺言的理由，除此而外别无理由；也就是说，他们应该保障社会利益。这正是我们可以立即指出的理由，即为什么一方面国王们在治理国家时，一般说来，必须按已经制定的法律行事，避免使用会导致臣民不幸福的手段；另一方面，为什么只要国王们按照上述原则行事，臣民就必须服从国王，否则就可以不服从。简言之，为什么必须服从，那是因为服从可能造成的损害小于反抗可能造成的损害。总之，为什么必须服从，就是因为这是出于他们的利益，他们有义务去服从，而不是出于别的理由。事情就是这样，如果实际情况与此相反，那么，又有什么必要让一方说，他许诺按这样的条件统治，而让另一方许诺按这样的条件服从呢？

① 在孟德斯鸠一篇题为《穴居人的历史》（请看他的《文集》）的小寓言里，谈到遵守诺言对于社会幸福的重要性，他把自己的观点阐述得十分生动而且令人满意。穴居人是根本不考虑遵守诺言的种族，他们这种品性造成的自然结果，就是使他们从一种苦难坠入另一种苦难之中，最终导致灭亡。这位哲学家在他题为《论法的精神》这部著作里，在给法下了“是一种关系”的定义之后，他搜集和提炼了当时流行的法学专门术语，并且为了这样或那样的目的，拟定了一套法律。在这点上，穴居人的寓言比起《论法的精神》中冒充形而上学的诡辩来说，使人得到的教益要大得多。

四十四

的确，在我们国家里，按照古代的形式，国王在他们的加冕仪式上做出某种好政府的含糊承诺后，他们把那些偶然在场的周围群众可能发出（也可能没有发出）的欢呼，解释为全体群众这一方做出的服从的承诺。其实，这些偶然聚集起来的群众对全国人民来说，不过是大海的一滴水罢了。于是这两方的承诺就被认为是形成了一个完整的契约。但是，双方的承诺都没有被宣布是对另一方的考虑结果。

四十五

退一步来说，通过一个试验，我认为，毫无疑问，每一个能思考的人，都可以从他自身的体会中明白，正是出于功利而非其他的考虑（隐而不露地，然而却是不可避免地）支配着他们对所有这些问题的判断。这个试验是不费力而明确的，除非假设颠倒了上面的条件，首先颠倒了这种虚构出来的特定承诺的含义；其次，颠倒了遵从一般承诺所带来的功利的效果。假定国王承诺他将不按照法律来统治其臣民，不考虑去促进他们的幸福——这种诺言对他有约束力吗？假定人民承诺无论在任何事情上都服从他，让他按照他自己的意志去统治，让他统治他们走向灭亡——这种诺言对他们有约束力吗？假定履行承诺的经常和普遍的后果是带来灾害，那么，在这种情势下人们还有遵守诺言的义务吗？在这种情势下，制定法律，运用惩罚迫使人们去履行承诺，还是正当的吗？

四十六

“不；”（或许可以这样回答）“理由是：在所有承诺中，有些是人人都认为无效的，你刚才假定的那些，毫无疑问都属于这一类。一个承诺，如果本身就是无效的，当然不能产生任何责任。如果人人都认为这个承诺是有效的，那么该承诺本身便会产生责任，而不是由于别的原因。”我们很容易就可以看出这种论点的谬误来。承诺要依靠什么使其有效呢？它提出了什么使它有效呢？它缺乏什么使它无效呢？承认任何一种承诺可能是无效的，就等于承认，如果其他的承诺有约束力，并不仅仅因为它是一个承诺。因此，不论环境如何，承诺的有效性都是以环境为基础的；我认为，很明显，是环境而不是承诺本身必定成为约束力的根源，根据这种约束力，一项诺言一般地便易于兑现。

四十七

进而言之，为了便于争论，假定我们刚才反驳的论点成立：承认承诺的责任独立于其他责任；承认承诺自身是有约束力的——那么，对谁有约束力？当然是对作这种承诺的人有约束力。有什么理由让这个个人所作的承诺，去约束那些从来没有作过这个承诺的人们呢？五十年前，国王对我的曾祖父承诺，依照法律统治他；五十年前，我的曾祖父对国王承诺，他将依照法律服从国王。

现在，国王对我的邻居承诺，将依照法律统治他；现在，我的邻居对国王承诺，他将依照法律服从国王。就算是这样，所有这些承诺，或者其中的任何承诺对我来说有什么意义呢？很明显，要回答这些问题必须求助于另外一个原则，而不是靠那些由人们做出的承诺所固有的责任。

四十八

现在，这个我们要重新提起的另一个原则，除了功利的原则外，又能够是别的什么呢？这种原则为我们提供了我们需要的理由，只有这个原则不用依赖任何更高的理由。这个原则本身就是解决任何实践问题的唯一和完全充分的理由。

第二章　政府的形式

一

我们可能还记得，在本书开始时就把我们现在探讨的那段离开本题的文章[①]的全部内容分为五个部分。在前一章已经探讨了第一部分，关于政府一般地是通过什么方式形成的。现在轮到考虑第二部分，关于政府的种类，或者政府可以采用哪些不同的形式。

二

在这一部分，首先令我们惊讶的是神学思想的宣扬。可以这样说，我们的作者的力量来自上帝，虽然这是一种特殊意义上的上帝。他在神学中已经找到一种并不罕见的根源，即以其圣坛上的光辉去迷惑人，以其权威去吓唬人，以此阻止我们去探测他的学说[②]的浅薄。

---

① “那段离开本题的文章”，指本书导言提到的，边沁要加以严厉批评的《诠释》一书导言中那段离题的插话。——译者

② 这里说的学说是我们要探讨的，是我们有时要提及的大部分内容，即他所说的一般的法，自然法，特别是天启法。

三

在前一章，他已经告诉我们，我们必须有这一种或那一种的统治者。现在，他又告诉我们，这些统治者需要有什么样的**天资**，才足以使他们有能力去执行他们的职责。具有这些天资，他们便似乎可以变得更加聪明伶俐，并且使他们尽可能不被那些鲁莽空谈家粗俗的双手所玷污；他所选定的这些天资必然是非人间的特性，是他从云端把它们取下来的。

他说："所有人类都同意政府必须由这样的人来管理：在他们身上最可能具备下列品质，我指的是三种重要的必须具备的品质，即智慧、善良和力量，这些品质的完美性体现在那特别被称为**最高主宰**的上帝所具有的特性中。"①

那么，让我们看看这段话的全文。

四

"但是，由于社会的所有成员"（指**自然**社会）"都自然地是**平等**的，"（我认为，这就是指**政治**权力，可是，尚未有任何人具有这种权力）"人们可能要问，"（他接着说）"政府的控制权应该交给怎样的人呢？对此，一般的回答是容易的；但把这种回答应用到具体情况时，已经引起的灾难有一半却是出自误入歧途的政治热情。一般

① 《诠释》，第1卷，第48页。

说来，所有人类都同意政府必须由这样的人来管理：在他们身上最可能具备下列品质，我指的是三种重要的必须具备的品质，即智慧、善良和力量，这些品质的完美性体现在那特别被称为**最高主宰**的上帝所具有的特性中。所谓智慧，是指能够识别这个国家的真正利益；善良是指始终努力去谋求这种真正的利益；力量或实力是指把这种认识和意图贯彻在行动之中。这些就是主权的自然基础，这些就是每一个组织良好的政府应该具备的必不可少的条件。”

五

万物各有其不同的作用。神学是一种训诫或教义问答。但是，在他的文章里，我们看到了神学的宣扬；这种宣扬，不论是为了哪种教诲的意图，看来最好是把它省去。我看不出作者的意图是什么，他毫无必要地去介绍那惊人而无法理解的上帝，除非这是有意去迷惑或玩弄读者；看来作者自己已经被迷惑和被玩弄了。于是，一开始就是一个错误的开端：这是用不可知的事物去解释不可知的事物。人身上必须具备的任何品质，这一个概念绝不是来自上帝的特性；相反，正是从我们所看到的人的品质中，我们才能对上帝的特性获得一种我们自己想象得出的模糊的概念。

六

我们很快就会明白，我们的作者从云端遨游归来后，带给我们的是光明还是黑暗。我们看到,我们的作者为那些领导政府的人,选择了**三种**品质:智慧、善良和力量。现在,在这三种品质中,我怀疑,其中有一种会给他带来一定麻烦,使他不知如何处理它。我指的是**力量**:这是他从天国引进的,如果把它看成是一颗宝石,那么看来它似乎会给皇冠带来光彩。的确,我们不应争论,在天上能否找到这种力量;而且在一切关键时刻都是相似的。但是,我怀疑,类似的说法却早已不灵了。我们说的是人间的统治者,或者,说得更准确些,是政府的候选人,就他所假定的那种关键时刻而言,根本就不存在这样的东西。如果考虑到其他两种品质假定已经为他们所具有,那么,**力量**就正是他们现在等着去接受的一种品质。

七

在我看来,这个地方所说的力量,指的是**政治**力量:这是我们的作者能够意指的唯一的那种力量;是在这里谈论的唯一的力量。在下文,离此不远的地方,我们会发现他在谈到这种天资时,将其视为已经具备的,并且是那最高级的一个人即国王已经具备的。因此,**自然**的力量仅仅是生来就有的力量那种能够给予最猛烈打击的力量,显然决不可能是他想要算作这种像上帝一样的要人的品质的那种力量。

八

我们现在便看到,我们的作者的神学已经把他自己带进了困境，因为他把力量看做是他的候选人的品质之一。力量，要么是自然的，要么是政治的。政治的力量不是那种根据假定便可以具备的东西，因为这种东西是在政府的建立中被创造出来的，由人们把它授予那些候选人。如果真有这种力量，那么，它必定是自然的力量；这种自然的力量是一个人自身所具有的力量，不用借助于政府。可是，如果真是这样，如果我们可以相信我们的作者，那么就要进一步相信：一个社会中单个成员所具有的自然的力量，要比这个单个成员和这个社会其余所有成员加在一起所具有的力量来得大。[①]

九

对这个困境，如果可能的话，人们应该很愿意把它弄清楚。我认为，问题的真正所在是，我们的作者所说的力量，根据他一直所谈的，可以说是一种预期的力量：他所说的这种东西，既不是任何人确实具有的力量，也不是由人们组成的团体确实具有的力量；根据他所假设的那种情况，它只能是一种能力（capacity）（如果人们可以这样称呼它的话），不论人们什么时候具有它，它都是一种把政治权力加以保持和付诸行动的能力。至于人们所具有的实际力量的大小，在任何情况下都是完全一样的；因为它既不能大于，也不能小于那个最高权力。至于上面说的那种能力，看来似乎确实

① 参看下面第 32 节，本书第 174 页。他说，君主政体，这种一个人的政府，“是最有力量的政府形式”，要比“任何”民主政体——他将其说成人人所有的政府——更有力量。

有充分的理由假定它更多地存在于一个人身上，而不是一个团体之中。

十

不要期望我会对这些理由加以详尽的论述，只要稍加说明就足够了。这种力量的功效（起码有一部分）与服从的迅速成比例；服从的迅速，在某种程度上，与命令的果断成比例。命令是意志的一种表示，一个人的意志比许多人的意志形成得快。我认为这个道理，或者与此相似的道理，就是我们的作者用普通易懂的英语以隐喻的说法告诉我们的，[①]正如我们在稍后的地方将看到的那样：[②]“君主政体是一切政体中最有力量的”〔政府形式〕，“政府的一切力量都被紧密地结合在一起，并集中在君主的手里。”

十一

第二段虽然很短，却包括了许多问题。头两句话是让我们知道，关于每一个具体的政府（我们知道它们已经形成了）的组成方式，他认为谈到这里就够了，不必再谈了。第三句话是再一次提醒我们，一切政府必须绝对地控制在这样或那样的人手中。在第四句和最后一句话里，他赐与我们一段非常动听的聪明的论述，也许

① 《诠释》第1卷，第50页。

② 本章第32节。

我们之中不会有什么人去怀疑他的论证的真实性。这就是,他在最后一段中所提到的那些为所有国家的统治者所具备的必不可少的品质,至少,他们确实一度有过这种品质。他说,这是根据某些人的看法;但是,这某些人是谁却完全不清楚,不知道这是那些统治者自己的看法,还是那些被他们统治的人们的看法。

十二

我们的作者说:"我们现在世界上所看到的几种政府形式,最初究竟是如何开始的,这是一个非常不确定的问题,而且一直引起无穷的争论。我认为这些争论与我的工作无关,我也没有加入这些争论的兴趣。不论它们是如何开始的,或根据什么权利存在的,在它们之中都具有,而且必然具有一种最高的、不可违抗的、绝对的、不受限制的权威,在这种权威中存在着主权的各种权利。这种权威掌握在一些人手中(根据这类国家的缔造者公开表示的意见,或者他们集体的心照不宣的认可),那些属于最高统治者的必不可少的品质——智慧、善良和力量,最有可能在那些人身上找到。"

十三

我们的作者在这里对他所指的那些人用了缔造者一词;可是,他们是否变成了这里所说那些国家的统治者,还是被统治者,或者两者都包括了,对此,我是无法确定的。因为他所指的也许既不是前一种人,也不是后一种人,而是第三种人。我的确十分倾向于怀疑：根据我们的作者的包罗万象的概念，雅典和斯巴达的国力和辽阔的领土（对这两个国家，我们在中学和大学里已经了解很多，它们每个国家只有一百平方英里左右），在他写这一段文章时，代表了整个宇宙；而梭伦和吕库古斯各自生活的时期则代表了那些国家的全部历史。①

十　四

"缔造者"、"意见"、"认可"等词，总之，这一句的全部含义就是让人们明白一种政府体系——它和我们见过的各种政府体系的一般特征截然不同；在这种体系中，谁也不会想到会有反复无常、暴力、意外事故、偏见、激情的踪迹；这种政府体系前后一贯，内容全面，并且是同时建立的；它是经过冷静的深思熟虑有计划地建立的，是经过完全而普遍的同意而建立的。总之，根据一般的想象，这些体系是通过上面提到过的两种精明的人制定的。如果情况是如此，那么，当他说缔造者的时候，他心中所想到的，可能既不是统治者，也不是被统治者，而是一些中性的人物。对于那些在早已存在的宪法规定下（不管是什么样的宪法）已经各自处于统治和被统治两种关系的人们来说，这些精明的人之所以被挑选出来，是为了让他们作为仲裁人的。

① 梭伦（约公元前630—约前560）是雅典的立法者，吕库古斯（约公元前9世纪前后）相传是斯巴达的立法者。——译者

十 五

所有这些，无论如何，仅仅是一种猜想。这个命题本身并没有表示有这样或那样的限定。它是作为一个带普遍性的命题，被明确而强调地提出来的。他向我们保证，“在所有这些国家中，这种权威”（最高的权威）“掌握在一些人手中（根据这类国家的缔造者的意见），那些‘智慧、善良和力量的品质’，最有可能在那些人身上被找到。”这种评语只能表明他对历史提出一种离奇的看法。确实，我看不出这种看法所引起的发现会有个止境，所有的发现都同样是新鲜而有启发性的。例如，当西班牙人变成墨西哥帝国的主人时，一个平庸的政治家也许会假定，情况之所以如此，乃是因为墨西哥人尚未被消灭而保留了下来，这种情况是不可避免的。他们绝不会认为：情况之所以如此，乃是因为西班牙人的“意见”或者墨西哥人自己的“意见”（究竟是哪一种情况丝毫不清楚）是：人们发现，查理五世和他们的后代所具有的智慧和善良（对此他们有如此充分的证据）很可能比所有的墨西哥人加在一起的智慧和善良更多。在查理曼大帝和日耳曼撒克逊人之间，对于查理曼大帝的智慧和善良，也会得出同样的看法；同样的，在诺曼底的威廉和英国的撒克逊人之间；在穆罕默德二世和约翰·帕莱奥洛格斯（John Paleologus）的臣民之间；在奥多亚塞（Odoacer）和奥古斯都拉斯人（Augustulus）之间；在成吉思汗（the Tartar Gingiskan）和他那时候的中国人之间；在鞑靼的张迪和甘吉（the Tartars Chang-ti and Cam-ghi）和他们那时候的中国人之间；在护国公克伦威尔和

苏格兰人之间；在威廉三世和爱尔兰天主教徒之间；在恺撒和高卢人之间；还有，在所谓的三十僭主和雅典人之间（我们的作者看来已经考虑过他们了）。这里提到的一些例子只是也许需要列举的几百个实例中的几个。如果我们可以信赖我们的作者的话，那么，他是怀着“善意”相信这一切的：通过这些教训，学生们的洞察力可以得到锻炼，能够深入到政治学的深处。

十　六

关于他的那段导言就讲到这里为止。它的论述的主要部分可分成六点，其提要如下。

十　七

首先，他告诉我们，根据古人的分类法[①]，政府的形式有多少种类；他接受了这种分类法。政府的形式有三种，即君主政体，贵族政体和民主政体。

十　八

第二，他告诉我们，所谓最高权力他指的是“制定法律”的权力。

① “古人”在这里主要指古希腊、古罗马时代的学者。——译者

十九

第三，他告诉我们这三种不同的政府形式的优点和缺点。

二十

第四，他告诉我们，这些是所有的古人都会同意的。

二十一

第五，他告诉我们英国的政府形式和上述三种形式都不同；它是三者的结合体，具有三者的优点。

二十二

第六，最后，他告诉我们，如果不是现在的形式，它就会是其他三种形式之一，也就不会具有三者的优点；他还告诉我们，什么东西会破坏英国政府的形式。对最后这两点，在这里提一下就够了，至于对它们的考察，将是第三章的事情。

二十三

君主政体是这样的政府形式：制定法律的权力掌握在该国的

一个人的手里。贵族政体是这样的政府形式:制定法律的权力掌握在某些成员的手中。民主政体是这样的政府形式:制定法律的权力掌握在结合在一起的"全体"成员的手里。根据我们的作者的看法,这些都是古人所下的定义;因此,毫无困难地,这些也是我们的作者的定义。

二十四

他说:"古代的政治著作家,不承认在这三种正规的政府形式之外还有更多的形式。第一种,当最高权力掌握在该国全体成员组成的会议手中时,它就称为民主政体;第二种,当最高权力掌握在由挑选出来的少数成员组成的一个政务会手中时,那么它就被称为贵族政体;最后一种,当最高权力委托给一个人的时候,那它就取得君主政体的名称。他们说,所有其他政府形式,要么是这三种形式的不良变种,要么可以简化为这三种形式。"

二十五

"所谓最高权力,按照前面所说,指的是制定法律的权力;因为其他一切权力必须与法律一致,并受它的指挥,而不论政府的外表形式如何,以及政府的行政程序怎样。因为立法机关可以在任何时候通过一项新的法令或条例去改变政府的形式和行政程序,并把执行法律的工作交给它所满意的任何人;这个国家的其他一切权力,在行使它们的职责时,都必须服从立法权力,否则宪法即告终结。”

二十六

于是，政府有三种正规的简单的形式（我们国家政府的这种不规则的复杂形式不在这里所讲的范围内），并且正好有三种限制条件把它们划分清楚；不久之前他还告诉我们，对于这三种限制条件中的每一种，每一种政府形式都必然会有一些，它们之间分配这些条件的情况很容易看出来。每一种政府形式靠运气（如果可以这样说的话）将完整地具有某一种限制条件，那是因为它也多少具有其他两种限制条件。

二十七

在这三种政府形式之间，根据我们作者的看法，似乎没有多少选择的余地。每一种形式都有一种限制条件，也就是一种品质。每一种形式的辨认完全靠它的限制条件。他没有暗示这些条件之间是否有一个特别优越的，其中之一高于其他二者。若有人认为某一种政府形式最优越，因而引起争论，解决争论的最好办法就是看这三种品质，在这种政府形式中它们重叠与交错的情况。因此，我们可以推断，一切曾经有过或者将来可能有的政府（除了我们即将见到的一种非常特殊的政府，也就是我们自己的政府），都是同样地分不出好坏：例如雅典和波斯，日内瓦和摩洛哥；因为，他告诉我们，它们或者都是这三种形式的不良变种，或者都可以简化为这三种形式之一。这真是大幸。立法者不会出差错了，他可以不用脑筋了。据说，国王的选择有一次是由一匹马的嘶叫声来决定的。那么，一个政府的形式也可以是这样决定的。

二十八

可是，对于我们自己的政府形式，很明显，我们的作者好像把它的优越性作为他的颂扬文章的主题。它是由这三种形式造成的，我们的政府形式便具有这三种形式加在一起所具有的优点，而没有它们的任何缺点；那些缺点都消失在“命令”一词上，或者甚至没有这个词，因为它们的存在，对作者的意图不适宜，所以缺点也就不存在了。

二十九

在这一段的最后，他告诉我们上述定义，可是稍加观察，就令人迷惑难解。我们被告知，“其他政府形式”都是在这三种形式之外的；那些政府，如果不是可以“简化”成为这三种，那么，就是“它们的不良变种”。可是，在三种形式中，不易弄明白是什么东西导致不良的转变。我们必须始终记住，他所指出的这几种政府形式的实质，仅仅在并完全在“数目”这个项目上，即统治者（为了简便，我们称他们为手中有“制定法律的权力”的人们）和被统治者的人数比例。如果统治者与被统治者的人数比例是一对全体，那么这就是君主政体的政府形式；如果是全体对全体，那就是民主政体；

如果是处于一与全体之间对全体，那就是贵族政体。那么，如果我们能够设想第四种数目字，它不多于全体，也不是一或全体，亦非处于一与全体之间的任何数字，那么，我们就可以设想一种政府形式。这种政府形式，根据适当的证明，可能表现出是这三种形式中这一种或那一种的不良的变种。[①] 如果它不是不良的变种，我们还必须在别的地方去寻找这个变种。它也许在我们的作者的理性之中。[②]

三 十

虽然我们确实可能遇到其他一些用来称呼政府形式的很难懂的名称，可是，这些名称都不外是对那三种的这一种或那一种政府形式所取的许多名称。我们常常听到人们提到一种暴君政体，但这不多也不少恰好是我们的作者所谈的君主政体，只不过这是在不满时的说法。它依然是数目为一的政府。我们还时常听到，有一类政府叫做寡头政体，同样，这不多不少恰好是我们的作者在同

---

① 根据德意志帝国的法律，有这样那样的国家，必须对帝国的公共军队提供大量的人员：其中有的国家要提供（人口的）一半，有的提供三分之一，还有其他的国家，如果我没记错，那是提供四分之一。在这一半人，或三分之一，或四分之一的人当中，假如有一个人掌握住政府，那么，在这里我们便有了一种君主政府的不良变种。它是不是我们的作者所说的不良的变种呢？

② 如果我们可以把他的话当真，那么没有比这里更能让我们找到不良变种的例子了。他向我们保证说（《诠释》第1卷，第41页）：“每一个人的理性都是腐败的。”不仅如此，而且“他的认识也充满了愚昧和谬误。”这些话如果是指其他人的情况，未免过于绝对了；但对于说这种话的人自身来说，他根据自己的经验而告诉我们的东西，如果你和他争辩，那就会不尊重他了。

样情况下所说的贵族政体。它依然是数目为一与全体之间的政府。最后，我们有时还会听到一种令人切齿痛恨的政府类型，它叫做暴民政体，但是，它不多不少恰好正是有一人在同样情况下称之为民主政体的政府形式。按照我们作者的说法，还有一类政府，这便是全体的政府。

三十一

现在，让我们来看看，他是如何把他说的三种限制条件在三种政府形式之间分配的。我们发现，他给君主政体以最完全的力量；给贵族政体以最完全的智慧；给民主政体以最完全的善良。我们可以推测，每一种政府形式，除了它自身所必然具备的限制条件之外，还具有适量的其他两种条件，从而形成"最高权力所必不可少"的补充条件。国王们都是（在他们没有当国王之前不是，因为正是这种条件决定了他们的臣民推举他们成为国王[①]的）像希腊英雄赫剌克勒斯那么有力气；然而，他们的智慧或他们的善良，却没有多少可以说的了。一个贵族政府的成员们，都是一批所罗门[②]；但是，他们却不像你们的国王那样都是些身强力壮的人；而且，如果要说真话，他们也不会比世人更加正直。至于民主政体的成员们，他们是世界上最好的人民；但是，在体力方面，他们加在一起也是微不足道的；在理解力方面他们也往往会有一定的缺陷。

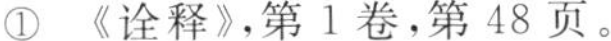

① 《诠释》，第1卷，第48页。

② 据《圣经》讲，以色列国王所罗门是最聪明的人。——译者

三十二

他说:“在民主政体中,由于制定法律的权利属于全体人民,所以,可以比在其他两种政府中更易于找到公共道德或善良的意图。民众大会在出谋划策方面常常表现得笨拙,在实施法律方面也显得软弱无力,但是,一般说来,它们所做的事却比较合理、公正,并且总是有一定程度的爱国主义或公共精神。在贵族政府中,可以找到比其他政府形式中更多的智慧,因为它们是由,或者打算由最有经验的公民们组成的;但是,比起共和政体来,它们少点正直,比起君主政体来,它们少点力量。君主政体是一切政体中最有力量的,政府的一切力量都被紧密地结合在一起,并集中在君主的手里;不过,这样一来,就存在着为了眼前的或压迫的目的而去使用这种巨大力量的直接危险。”①

三十三

“因此,这三类政府全都有它们各自的长处和缺点。民主政体通常被设计成为最宜于以法律为目标的政府;贵族政体则最宜于创立那些用来达到预定目标的手段;而君主政体则最宜于执行这些手段。根据我们的研究,古人普遍认为,只有这三种政府形式,而没有想到还有任何其他永久性的政府形式;虽然西塞罗有他自

① 《诠释》,第1卷,第48页。

己的看法，即认为有一种具备三种政体优点的共和国；但是，塔西佗却认为这种混合政府——由所有的政府形式混合而成，并具有每一种形式的长处——是一种不切实际的幻想；如果真有一个这样的政府，它也绝不可能持久或者牢固。”

三十四

我们的作者好像没有料到，在这个编造得如此完美的推论中，却有一处破绽。他的破绽之一，正如一位逻辑学家说的，他所推论的主题已经丢失了。他告诉我们的三类政府的三种限制条件之一，莫明其妙地化为乌有了；他为之设计的那种政府形式，已经不幸地从他的手中滑掉。我指的是民主政体，根据他的说法，这种政体是古人设计的一种全体的政府。现在这个全体的数目是如此之大，我认为很难计算出这些又高又强壮的人们共有多少力量，必须用一个体面的数字来表达它。我怀疑这个令人生畏的共和国的成员，在臣民这方面，他们的处境会比莎士比亚戏剧《暴风雨》中那嗜酒的小丑特林库洛的处境还要糟，或者比下述这几个统治者的处境更糟——近来，一些航海者发现他们竭尽全力在一块西班牙的殖民地上称王称霸：这个政府一共有三个人，他们之中总共只有一个臣民。[①] 如果他对此稍加观察，我想，他就会发现，这个政府正

① 见霍克斯沃思的《航海记》。这些想象中的统治者的处境，使人想起不知是哪一位国王的弄臣的故事。有一天，这个弄臣自以为不可一世，非常庄重地戴上王冠，一手拿着一根棍子，以此作为象征王权的节杖，一手拿着一只球，别人问他在干什么，他回答说：“统治。”我以为，这样的一种统治，正是我们的作者所说的民主政体的成员的统治。

是那种政府而不是人们能够想象得出的任何别的政府，在那里根本就没有任何政府。我们可能还记得，我们的作者虽然对自然状态抱有精明的怀疑，[①]但是他却承认有他所说的那种民主政体，殊不知自然状态正存在于他的民主政体之中。[②]

三十五

我以为善良这个限制条件，应该属于那种全体的政府，如果真有这种政府的话。可是，我们已经看到，这个属性已经飞向乌有之乡，结果，为民主政体所设计的属性仍然保留在我们的作者的手中。于是，他可以随意地用它来恭维贵族政体或君主政体，这样做对他最为合适。也许这个属性同样可以给予君主政体，因为这种政府形式的标志和特殊限制条件就是力量，而我们知道，这是一个意义颇为含糊的词汇；或者可以给予它别的什么属性，也许这也是一种处理问题的好办法，他可以用抽签的办法选择这些属性。

① 参看前面第1章，第6节。

② 这是多么奇怪的事情，同样是这些人，他们一再告诉你，民主政体是这样一种政府：它的最高权力为国家全体成员所共有；他们又一再告诉你，雅典人的政治共同体是一个民主政体。事实是，雅典人的政治共同体，按照最适度的估计，如果把妇女、儿童和奴隶考虑在内的话，只有不到十分之一的雅典国家的居民曾经一度分享最高的权力（参看休谟先生《论说文集》中《古代国家的稠密人口》一文）。当然，民法法学家会带着严肃的面孔告诉你，奴隶是“非人”；而研究普通法的法学家会告诉你，私生子是“非人”的儿子。但是，一个没有偏见的人却会认为，组成一个国家的条件，就是全体的个人毫无差别地组成了这个国家。

第三章　英国宪法

一

在他书中最后一章，我们看见一堆论据；根据这些论据，可以判断我们的作者在证实英国宪法是一切可能存在的政府的宪法中最好的宪法的过程中，是否遇到困难，或者在他的心目中确实有别的什么想法。他对这个问题的论述有些地方需要引起我们的注意。我们也的确应该用我们自己的眼光去观察分析。

二

“我们幸运的是，在这个岛上，英国宪法已经存在了很久，我相信它还会永存下去；它对于前面所说的真理，永远是一个例外。因为我们把法律的执行权力交给一个人，凡属于最专制君主应有的力量和迅速办理国务的一切优点，这类人都具备；此外，这个王国的立法权归属于三种彼此完全独立的权力：第一是国王；第二是宗教和世俗的贵族，他们是一个贵族会议的成员，是按照他们的虔诚、出身、智慧、道德或财富而被挑选出来的；第三是下议院，议员是人民从他们中间自由地挑举出来的，这样做使得它具有民主性质。这种由不同的机器发条来开动，各自关心不同利益的一个聚合体便组成英国的议会，它拥有任意处置一切问题的最高权力。三个部门中的任何一个要提出什么设想不会感到有不便之处，但其他两个部门中的任何一个都可以对这项提议加以反对，因为每一个部门都有否决权，足以抵制它认为不明智或有危险的任何改革。”

三

“于是，议会就成为英国宪法的主权所在的地方；这样安排，对整个社会可能是最有益处的。因为再找不出其他任何形式，可以把政府的三种重要的属性如此完美地和愉快地结合在一起。如果最高权力交给三个部门中的任何一个，那么，我们必定会承受由专制君主政体或贵族政体或民主政体所带来的缺点。这样一来便会非常缺乏其他两种良好政体的主要属性：或者是善德，或者是智慧，或者是力量。如果最高权力交给其中两个部门，例如交给国王和上议院，那么我们的法律可能被制定得很有远见，并且会被很好地执行，但是在人民看来，它们很可能不会总是美好的东西。如果最高权力交给国王和下议院，那么便会缺少周到、慎重和善于协调的长处，而这些却是贵族们所能提供的。如果最高立法权力只交给两院，而国王对两院的决定没有否决权，那么两院就会企图侵犯王室的特权，或者废除由国王管辖的机构，从而削弱（如果不是全部消除）执行权力的力量。可是，我们这个岛国的立宪政府组合得如此完美无缺，以致没有任何力量能够破坏它或损害它，除非破坏了立法机关一个部门和其他两个部门之间的权力均衡。因为一旦发生这种情况，那么三个部门中的任何一个部门都会失去它的独立性，或者变成要屈从于其他两个部门的意见，这样一来，不用多久，我们的宪法就要告终。于是，立法机关就会变化，不再是原来那样根据社会的普遍同意和基本法令建立的了。这种变化无论是如何引起的，按照洛克先生的说法（他也许把他的理论扯得太远了），都会使政府的种种约束力立刻全部丧失，而人民将陷于无秩序状态，于是他们又自由地组织起来，成为一个新的立法权力。”

四

认真思索这两段文章的第一段，首先，我发现有一种所谓的“执行权力”，在前面的文章里从来没有提过，现在突然第一次出现在我们眼前，而没有任何提醒或说明。

关于权力，一直到现在为止，我们的作者只提到过一种权力，那就是立法的权力。只有这种权力，他才称之为“最高权力”。正是由于这种权力的不同分配，便构成了他所说的三种不同政府的特征。正是由于这种不同的分配（也就是立法的权力的不同的分配），根据他的看法，才联想到他提出的“作为最高权力所必需的”几种限制条件或属性，具有这些属性则构成可能属于任何一种政府形式的全部优点。于是接着谈到英国的政体，它最充分地具有立法机关的那些属性。因此它成为特别优秀的政体。由于它具有力量的属性，便具有君主政体的长处。可是，根据他的说法，英国政府是如何具有力量这种属性的呢？是通过怎样的安排来构成这个立法权力的呢？是否通过把立法权交给一个人——如同在君主政体中那样？不，不是那样；而是通过一种安排构成一种新的权力，它的出现，可以说是突然插入的。这是一个我们第一次听到的新权力，他对这个权力未曾作过任何解释。这是一个不同于立法的权力，它是一种执行的权力。

五

那么，这个执行的权力是什么样的呢？我怀疑我们的作者不易为我们说明。一个持不同意见的人会说："为什么不容易呢？它不就是国王在这个国家所拥有的除他分享的一份立法权之外的那种权力吗？"如果真是如此，则暂时避开了困难。可是，这离解决问题还远得很，有些问题很快就会出现在我们面前。国王是否真的独自拥有这种权力，或者仅仅是说说而已？这是否是他真的独自拥有并且行使的权力，或者是，虽然说他拥有这个权力，他却从来没有行使它，也不可能行使它呢？这种权力是否包括司法权？如果包括，那么它是否包括制定特殊的判决和命令，并作为普遍的、永久的和自然而然的司法程序规则——如同我们所知的那些由法官制定的规则呢？这种权力是否包括最高军事权力——不论在平时或在戒严期间呢？它是否包括最高财政权[①]？（一般说来，如果这个权力扩大到包括管理公共货币，以及管理其他公共财产，它可

① 这里说的财政权，我指的是在这个国家中由财政部执行的权力。

以被称为特许的权力[①]。）它是否包括对发明授予专利权，并对公司发给特许证的权力？它是否包括制定公司法律细则的权利？这种制定法律细则的权利，是否就是那个可以授权去制定这些细则的较高级的权力呢？或者有一种高于立法权的执行权力呢？还有，这个执行权，是否包括用战时法来替代和平法；或者相反，用和平法来替代战时法呢？它是否包括用条约来限制臣民和外国进行贸易的权利呢？它是否包括根据类似的条约，把大批臣民引渡给外国去进行法律审判呢？如果他了解什么是执行权而不是立法权，并且明白什么是立法权而不是执行权，那么，他就会分清并说明依宪法而来的不同种类的权力，他就会说明什么是一个国家的宪法或者什么应该是一个国家的宪法，特别是对我们的国家，让他去考虑考虑这些事情吧。

接着，我们在一段插话中被告知（这情况很清楚以至是理所当然的），“立法机构的每一个部门都是独立的”，对，“完全独立”于其

① 这里说的特许权（dispensatorial power），我指的是由财政部执行的权力，如同由另一些部门（例如陆军部、海事部、海军部、军械部和劳工部）去行使的其他一些权力。除了所有这些部门的职责之外，它们还有权任命官吏到其他部下属的机关任职。这个权力看来有一个明显的特点，那就是它可以作出有关公共财产的任何规定。

权力，政治权力，或者是对人的，或者是对物的。上面提到的那些权力，从它们对物的关系而言，是一些对公共财产的物的权力；这些权力不同于构成个人所有权资格的权力，它们主要地不是为了获取利益的（指为了占有者们自己的利益），是无选择性的；但它们是受委托的，在行使这些权力时，有关的法令要限制于有助于达到公共福利和安全的特殊的目的。

他两个部门。真是这样吗？人们会考虑到国王和那么多的贵族对下院议员选举施加的影响；会考虑到国王有权力发出最后的警告，使下院本身的存在面临危险。他们还会考虑到，国王可以用随意授予或取消高官厚禄的方式影响两院；而另一方面，国王日常的花费要依赖两院，而且特别要依赖下院；且不说他们还会对其他种种情况提出同样的看法。这些人将会判断我们的作者非常自信地去肯定的那些话中，究竟有多大程度的准确性。

七

还有一句插话，这句话好像是插话中的插话。我们得感谢作者让我们读到这样一句非常有意思的高论：对现任上院议员的个人优点作了充分和真诚的颂扬。他凭着他自己发明的手段便可以做到这一点，也就不外是凭着一点机灵：只要看看他们的贵族头衔就够了。他所看到的，并不仅仅是他们应该具备的某些优点，也不是有理由去期望他们可能具备这些优点，而是他们实际上具备这些优点，而且正是由于他们具备了这些优点，他们才获得了这些头衔。他一旦了解到某些人身为主教，就知道他们都是虔诚的；一旦了解到某些人身为贵族，就知道他们都是聪明、富有和勇敢的。[①]

---

① 我们的作者在其书中第50页写道："宗教的和世俗的贵族，他们是一个贵族会议的成员，是按照他们的虔诚、出身、智慧、道德或财富而被挑选出来的。"

我想，我已经分配了这些品质，因为我们的作者只能设想他们应该分配到这些品质。对这些贵族成员来说，由于出身，通过世袭，他们在上议院拥有他们的席位；正如一些人可能由于发明、智慧、道德和财富，不断地有机会在下议院中获得席位，得以跻身于世俗的贵族之间；主教们由于虔诚，虽然是个别的，却是完完全全地和我（接下页）

八

我们愈是考虑如何把他关于三种政府形式的一般看法运用于我们的政府，我们就愈加发现书上所说的和现实之间有巨大的距离。他发现我们的政府是三种政府形式的综合体，它具有君主政体的成分、贵族政体的成分以及民主政体的成分。贵族政体成分是上议院，民主政体成分是下议院。毫无疑问，我们的作者在中学以及在大学中，一定阅读了许多有关斯巴达元老院的智慧及其重要性的著作；读了一些可能是在孟德斯鸠的著作中，或者在别的地方有关威尼斯人的事情。他读过关于雅典暴民的骚乱和奢侈浪费的著作。因此他满脑子都是这种想法，以为上议院就像斯巴达和威尼斯的元老院，而下议院就像雅典的公民大会。这样，关于智慧

(接上页)们的贵族们坐在一起。如果说其他的三种品质中有一种，是这些尊贵的人们有权利要求具有的话，那就是智慧；但是，人世间的智慧，对他们来说，是一种不怀好意的赞词，而且上面所说的智慧，完全可以包括在虔诚之内。我可以断定，一旦保证他们完全具有这种崇高的品德，他们便会拥有企望于他们应该具有的一切东西。按照我们的作者的尺度来衡量，在我国历史上这是一个辉煌的时期，这三种品德好像都发展到了极点。这就是安妮女王在位时期——在那次酷寒时期之后不久。我指的是1711年。在这吉利的一年中，这三种品德似乎表现得格外充分，以至足以体现在至少十二位令人钦佩的人物身上，由于这种力量，使他们在一日之内全都变成了男爵。不幸得很，一位真正值得尊敬的当代历史学家(见《伯内特主教的历史时代》第2卷)，却没有读到我们的作者关于“分辨杰出人物”的方法，因为他设想，恰恰是由于当时想取得多数票的必要，才把一大批新成员突然送进上院。但是，让那些读了那个年代历史的人，去判断这个如此浪漫的想象所根据的是什么吧。至于虔诚，这是主教们所特有的品德，这种品德的储备量如果按照同样的标准来衡量，那么，必须在任何时候都达到相当高的水平；毫无疑问，在任何时候都应保持最高的水平。对这一点，我们不能有任何怀疑，因为关于教会的事情，我们的作者在另一个地方向我们保证，他已幸运地发现，一般说来，“一切事物都处于它应该处于的状态”。(《诠释》，第4卷，第6章，第49页。)

的问题(对诚实的问题,我们将不予考虑),其结果是明显的。下议院在诚实方面,的确是极好的,但是它在智慧方面不如上议院。这就是我们的作者毫不踌躇地向我们所作的论断。一位公爵的儿子在下议院获得一个席位。只要把他变成一个典型的雅典的补鞋匠就可以了。

九

假如我们做得到的话,那就让我们找出,这种看法是从何产生的:民主政体的成员都缺乏智慧,而贵族政体的成员,却都具有丰富的智慧。然后,我们看看如果这种看法能够转用到我们的上议院和下议院,其适用程度究竟有多大。

特别是在民主政体的成员中,为什么最可能缺乏智慧?他们大多数人很贫穷,当他们开始处理公务时,都未受过教育;由于未受教育,他们不识字;由于不识字,他们都愚昧。愚昧就不聪明;如果愚昧的意思是不聪明,那么他们一开始就不聪明。他们必须靠做小买卖或干些体力劳动来谋生,他们只好整天待在作坊里或者柜台边。他们只能在有空闲时,断断续续地去处理政府的事务。他们没有空闲去思考,因此,他们继续愚昧下去。但是,我们的下议院的成员们在多大程度上是这种情况呢?

十

另一方面,贵族政府的成员,人数不多,都是富人。他们或者是因为富有而成为贵族政府的成员，或者因为他们是贵族政府的成员而变得富有。由于富有，他们受过教育；由于受过教育，他们读过书；由于读过书，他们有知识。他们既有时间去行动，也有空闲去思考。如果他们这样坚持下去，他们很自然地有希望变得更加有知识，更为聪明。可是，这种情况在多大程度上更符合于上议院的成员而不那么符合于下议院的成员呢？事实是，正如大家都看得见的，下议院的成员，他们要么像上议院的成员那样清闲；要么很忙，而这种忙碌却往往使他们比他人更多地了解政府的某个特殊部门。请问，我们可以在哪些人那里发现更多的法律知识，难道不是在专业的律师身上？同样，在商人那里，人们可以发现更多的做买卖的知识。

十　一

可是，我们的作者坚持己见，当他分配给贵族政体的成员比民主政体的成员更多的聪明时，他有他自己的理由。让我们努力去领会他的意思，然后设法应用它，如同我们已经应用他的其他论点那样。在贵族的各种团体中，我们可以理解它们有更多的经验；至少，可以期望某些团体可能具有更多的经验。这似乎与过去仿佛就有的同一目的相符合。我们的作者说：“在贵族政体中，比在其他形式的政府中，可以发现更多的智慧”；他还说：“因为它已是或者打算由那些最有经验的公民来组成。”[①]正是出于这种理由，我

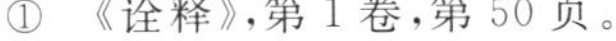

① 《诠释》，第1卷，第50页。

们当然就该想到，在上议院的成员中间，比在下议院的成员中间，具有更多的智慧。正是在经验这一项上（它是作为一个贵族的团体所具有的条件），贵族的团体比民主的团体所可能具有的条件要高级一点；这就给我们提供了一种特殊的理由，以致可以对上议院的成员比对下议院的成员分配给更多的智慧。

十二

可是，我们的作者没有告诉我们，一个贵族政体的成员如何偏偏必然会比一个民主政体的成员获得更多的经验。他也没有告诉我们，他说的经验包含什么内容。这种经验是不是一种预备性质的东西，是否有别于管理工作？这种“经验”，人们宁愿称之为知识。这种经验是否指管理工作的经验？让我们来看看，对于一个团体的成员，如同对其他团体的成员那样，他必定有一个处理某种事务的开始时间。假定他们两人是同一天进入某个团体的。那么，是否就在这一天，一个人比另一个人更有经验？还是在十年之后的这一天，才能决定他们中谁更有经验？

十三

凡是还记得我们在上面所作的分析[①]的那些人，会毫不迟疑地回答：十年之后。作者在那里已经提出了他的理由。恰恰是因

① 参看前面第9节。

为缺少空闲时间，因为民主政体中很大数目的成员，必然要比贵族政体的成员花费更多的时间去劳动。但是，从我们的作者所提出来的论证中，人们会得出什么样的印象呢？

十　四

关于贵族政体的一般问题，就说到这里。我们又发现另一件意想不到的事情。我们自己的政府的一个特殊部门，他称之为贵族的部门——上议院——的确比另一个部门，他称之为民主的部门——下议院——有更多获得经验的机会。但是，这是由于什么缘故呢？这和两个机构的特点没有任何关系，不是因为一个是贵族的，另一个是民主的；而是由于机会，完全是外在的和偶然的缘故，我们立刻就会看到这一点。可是，还是让我们先看看他说的理由吧。他说上议院是比下议院应该具有更多智慧的一个议会。这是命题，现在加以证明。前一个是贵族的议会，后一个是民主的议会。一个贵族的议会比一个民主的议会具有更多的经验，由于这个原因，贵族议会便具有更多的智慧。于是上议院被证明比下议院具有更多的智慧。可是，他整个论述所根据的理由，在我们看来，就是这样一个事实，即一个贵族的会议，它本身就比民主的会议具有更多的经验；但是，不论我们的作者向我们提什么样的理由，一般的贵族会议却并非如此。然而，具体到我们的上议院，与下议院相比，却偶尔会出现这种情况，这是由于这样一个简单的事实：上议院的成员，一旦取得议席，便终生占有这个席位，而下议院的成员，只能七年一任七年一任去当选，或者可能还当不到七年。

十　五

在这里所说的经验，我宁愿理解为获得经验的机会而不是经验本身。因为真正的经验还得依靠其他一些同时存在的因素。

十　六

然而，我们的作者仅仅从经验的优势中就推断出智慧的优势来。他确实有他喜爱的格言，即老人们常说的："经验是智慧的母亲。"就算如此，但是，兴趣是父亲。甚至有一种兴趣，它是经验之父。在下议院的成员当中，虽然尚未有人穷到不认识字，但是他们中间有许多人的产业，用人们常说的话，就是还有待于他们去挣得。上议院成员的产业（我指一般而言），是已经挣得了的。下议院的成员可能希望成为上议院的成员。上议院的成员却没有更高一级的上议院让他们去晋升。那么，通常是那些对事物最无兴趣的人，还是那些对事物最有兴趣的人是最积极的人呢？是那些最不积极的人，还是那些最积极的人有经验呢？经验是在人们熟睡时得来的，还是在清醒时得来的呢？是上议院的成员最积极，还是下议院的成员最积极呢？说得明白点，大部分公务是在上议院办的还是在下议院办的呢？圣彼得的继承人是在捉到鱼之后，还是在捉到鱼之前，使用渔网呢？[①] 简言之，最有智慧的地方，通常是

① 大家都听说过这样一个故事：有一个渔夫，后来当了大主教，最后当（接下页）

在那最不努力运用聪明才智去获得它的地方，还是在那最努力地运用聪明才智去获得它的地方呢？[①]

十　七

关于我国立法的高级议会的特殊属性问题（正如我们的作者所说的那样），再说几句。经验将为他们提供智慧（由于他们组成的是一个贵族的议会），这是我们已经知道的论证。可是，他现在把这个推论往前再发展一步。智慧使他们学会了"慎重和调解人般的谨慎"，看来，这些属性如果不是为了给予他们，我们似乎就会对它们一无所知。让我们举个例子，由上议院提出讨论的问题，事实上确实很少，以至我们的作者好像忘记了，把它当做没有。可是，还是有一些的。于是一件议案，由上议院提出，然后交给下议院。就"慎重"而言，我没什么可说的，我们可以期望，两个议院都不缺少慎重。但是，"调解人般的谨慎"又该属于谁呢？

（接上页）上了教皇。在他当大主教的时候，他有一个习惯，每天晚饭后把一张渔网铺在餐桌上；他用这种办法，如他常常所说的，使自己时时想起出身卑贱。这是表示谦卑的滑稽做法，但在那个时候，却为他增加不少的好名声。不久，他高升到圣彼得（教皇）的职位。有一天，一位熟人注意到晚饭之后，他的餐桌上不再像过去那样盖着渔网了，觉得奇怪。这位教皇便说："不要奇怪，当鱼已经捉到时，也就没有必要使用渔网了。"

① 就是在下议院中，议院的主要业务是由那些富裕而能独立思考的来自乡村的绅士来处理，还是由那些贪婪而可能贫困的善于奉承的人来处理呢？那些能够在辛劳的政务中坚持不懈，除了人民的拥护而不求任何其他报酬的人，当然是人民最愿意挑选的人。这样的人自然是最好的，但为数极少。我们国家的事情，不正是由于我们说过的那些贪污受贿之徒，才弄得这样委靡不振吗？

十 八

因此我们必须对我国立法的两个分支部门加以仔细的探讨，只要它们依然是——根据我们作者的原则——现在这个样子：上议院是贵族的部门；下议院是民主的部门。有时候我们会觉得它们是这样；可是，过了一会儿，也许我们又会觉得它们不是这样。我们的作者究竟根据什么特征来区别贵族的立法机构和民主的立法机构呢？是根据人数，根据组成这些机构的人数；看来只能根据这个，因为他没有提出其他条件。那么，据此判断，目前，上议院确实是贵族的部门；下议院，至少与另一议院相比较，是民主的。到此为止，一切很好。可是，如果贵族的名单，像我们曾经看到的那样，在一次授爵时期，人数增长得很快，那么，在人数上两院就可能没有很大的区别了，那时候上议院的人数有可能比下议院的多。到了那个时候，哪一个是我们立法的贵族部门呢？按我们的作者的原则，便是下议院了。那么，哪一个是民主的部门呢？便是上议院了。

十 九

对这部严肃而富有启发性的著作，我们将要去评论的最后的内容（并以此结束探索），就是培根爵士也许会称之为“*portus*

et sabbatum”的东西[1]，即我们的作者向我们提出的关于英国政府形式的完整性的论证。这个论证（至少也应称它为一个标题）完全是建立在我们可能已经看到的数字的特性之上。这些新近发现的特性，确实是非常奇特的、复杂的道德特性，可是，这些特性看来就是数字[2]。正是在这些数字的性质中，我们将发现三种政府形式的特殊的性质——如果什么地方有这些性质的话。现在数字的特性被普遍认为是数学的论证方式的正当的主题。我们的作者所提供的证明已经存在于这种论证方式的本质之中。要完成全部论证，什么也不缺，只缺形式。对这种欠缺，一个水平较低的工作者也会很容易地予以弥补。只要加以机械的运算便可以完成。这项不足道的任务将是我要努力去做的事情。而那巨大的荣誉，我把它完全归于我们的作者，只有归之于他才是最合适的。

二　十

命题　　　　　　　　定理

英国政府是完美无缺的

论　　证

定义	1	英国政府＝君主政体＋贵族政体＋民主政体
另一定义	2	君主政体＝1（人）的政府

① 这就是他所说的“关于科学的神学”。参看培根：《学问的上进》，增订拉丁文译本，第 8 卷，第 3 章，第 97 页。

② 参看本书，前面第 2 章，第 24，32 节，第 169，174 页。

同理	3	民主政体＝全体的政府
同理	4	贵族政体＝1(人)与全体之间某个数目的政府
假定	5	全体＝1,000,000(人)
又假定	6	在一个贵族政体中统治者的数目＝1,000人
按假定得出	7	1(人)具有＋力量－智慧－正直
同理	8	1,000(人)具有＋智慧－力量－正直
同理	9	1,000,000(人)具有＋正直－力量－智慧
在〔7〕中去掉－智慧－正直①	10	1(人)具有＋力量
同样，在〔8〕中去掉－力量－正直	11	1,000(人)具有＋智慧
同样，在〔9〕中去掉－力量－智慧	12	1,000,000(人)具有＋正直
把〔10〕〔11〕〔12〕表达方式加在一起	13	1＋1,000＋1,000,000(人)具有力量＋智慧＋正直
但是，根据定义〔1〕〔2〕〔3〕〔4〕以及	14	英国政府＝1＋1,000＋1,000,000(人)

① 这样运算并无任何固定格式，在运算中用否定符号加以标明的数量都是非常易变的，它们趋向于极大或极小，看哪一个方向方便就向哪里变。

假定〔5〕〔6〕		
因此，按〔13〕得出	15	英国政府具有力量＋智慧＋正直
改变表达方式	16	英国政府是最有力量的＋最聪明的＋最正直的
但是，根据定义	17	最有力量的＋最聪明的＋最正直的＝最完美的
因此，根据〔16〕〔17〕	18	英国政府是最完美的（证完）

〔附注〕按照同样运算，英国政府也可以被证明为**最软弱的、最愚蠢的和最不正直的**。

关于英国的政体，就说到这里；至于这本杰作所依据的理由，我相信，它所吹嘘的，确实不是没有道理的，并且都是为人们所知的，这就是我们的作者向我们提出这些根据时的想法。——“那么，你对这种观点不满意？”有人这样说。不完全满意。“那么，你自己的观点又如何呢？”说实在的，对这个问题我还没有考虑得很充分。我也未尝不可以提出我的观点，不过，我认为不值得提出来。如果我确实认为值得提出，那么也很难采用对一段塞满了定义的离题的话发表评论的方式。无论如何，我不会像某些人所希望的那样去做。他们读了一位机灵的外国人就此论题为我们而写的文章，就想让我出来发表评论：既然是一位外国人写的，我们就只能感谢他对有关我们自己的问题提出这最好的看法。我们的作者抄袭的是德·罗米先生的看法。

我们的作者已经提出了让人们去考虑的题目(让人们去判断哪一些是必须考虑的),其中某些部分,正如我们所知,很可能是令人反感的。可是,既然它已经被提出来让人们去考虑,我便会以所有其他英国人都必定会采取的坦率态度去考虑它,因为每一个英国人都会这样做,并且不致带来什么危害。我只说了这个论题看来需要说的话;我确实没有什么可担忧的,但也没有任何伤害他人的念头。我决意不让自己去考虑这个人或那个人会如何看待我的论述。我当然不会去谄媚地说好话,但我也不希望失去应有的礼仪:当然不要引起任何方面的怨恨。我宁愿让我们的作者去说一大堆颂扬的话,并在那些未知者的美德面前佩服得五体投地。[①]我们的作者如果遇到他,便会这样做的。至于我自己,如果我站在一些伟人面前唱一支赞歌,那么绝不是因为他们占据了伟人的位置,而是由于他们值得赞美。

① 参看前面第7节。

第四章　最高权力制定法律的权利

一

现在我们要讨论他在这段插话中所说的第三个题目，即权利（正如我们的作者所称呼的那样），最高权力所具有的制定法律的权利。这个题目占了相当长的篇幅。我在这里使用的标题，正是他自己在下一段文章中制定的标题。真幸运，我竟然为我自己找到一个标题，而且可能是毫不费力地找到的。给一段文章加上标题，也就标明了这段文章的主旨。但是，说明这段文章的主旨是一项任务，至少，我要强制自己去思考这一段文章本身。为这项工作，我还要尽最大的努力。

二

我要感谢在另外一节或两节中（我们已经看见，它是在这一段插话的后面出现的）所提出的一些猜测，因为我也曾经作过这样的猜测。

可是，无论如何，至今我尚不能冒失地依靠这些猜测，正如不能依靠这段带有我自己拟定的标题的文章的力量。误解的危险是非常大的；当一个人对一段并无精确意义的论述冒昧地加以精确的解释后，他就不得不面临着这种随即发生的危险。不过，在这里，我可以仅仅指出那些猜测的结果是什么；我认为，他真正的目的是通过反复解说使人相信，在每一个国家中，在某些人手中必然拥有一种绝对的权力。我提前指出这一点，以便读者在阅读这段文章时有线索可循。现在我将原文引述如下。

三

我们的作者说："我们已经粗略地探讨了政府的三种常见的形式，以及由这三种形式中取其优点组合而成的我国的卓越的政体。现在，我们开始看到，由于制定法律的权力构成最高的权威，所以，在任何国家中，这种最高权威无论在哪里，它都是此权威：制定法律的权利；按照我们的定义，这就是规定公民行为的规则的权利。这种情况恰恰可以从文明国家的目的和制度中找到。因为一个国家是一个集合体，它由大量的单个人组成，为的是维护他们的安全和便利，并企望像一个人那样去共同行动。如果它要像一个人那样去行动，那么它就应该按照一个一致的意志去行动。可是，就政治的社会组织而言，它由许多自然人组成，他们中每一个人都有自己的特殊意志和爱好，这些不同的意志不能通过任何自然的结合体把它们联合在一起，或者通过调和整理使它们保持持久的和谐，以便构成和产生一个整体的一致的意志。这种一致的意志只能通过一个政治的联合体来产生，也就是通过所有人的同意，使他们自己的个人意志服从一个人的意志，或服从由一些人组成的一个会议或几个会议的意志，把最高权威委托给这些人。这种一个人的意志或由一些人组成的会议的意志，在不同的国家，依据不同的宪法，便是人们所理解的法律。”

四

关于其他段落，如果在我冒昧的分析中对我有帮助的话，我将随时提及。现在先让我们看看，这段原文说的是什么。

五

对这一段文章中第一句话所包含的模糊不清的论点，除了借用逻辑学家的分析方法外，我不知道还有什么别的办法弄明白它。且不论它的开头怎样，它的主要内容，即“由于制定法律的权力构成最高的权威，所以，在任何国家中这种最高权威无论在哪里，它都是此权威：制定法律的权利”，可以看做构成三段论法的一种——逻辑学家称之为“省略的三段论”。一个省略的三段论包含着两个命题，后件和前件（前提）。我们的作者说：“制定法律的权力构成最高的权威。”这是他的前件。从这里他推断出他的结论，即“在任何国家中这种最高权威无论在哪里，它都是此权威：制定法律的权利。”这就是他的后件。

看，就是这个前件和这个后件，如果我在它们之中能够看出有什么区别，如果表达它们的文字准确，那就会发现，两者所说的恰好是一件事情。因为，在说了“制定法律的权力构成最高的权威”

之后，又告诉我们，由于这个理由，“最高的权威”是（或者具有）制定法律的权力（或者权利），我认为，这就等于告诉我们同样的事情，因为这等于告诉我们：一件东西之所以是这样，因为它是这样。这样的一种真理，似乎没有任何十分重要的理由，可以让我们“在文明国家的目的和制度中”去发现它。所谓“最高权力”，他指的是“制定法律的权力”；这一论点，或者和它相仿的论点，不是别的，正是他在他的书中第 46 页和第 49 页，以及其他数不清的页数中，费了很大气力和热忱，一而再，再而三地告诉我们的东西。为了准确起见，他一直很小心，在措辞上有细微的变化：例如“权力”和“权威”二词，有时候好像是一个含义；有时候好像彼此是对立的；有时候这两个词都表示那虚构的人，那抽象的性质；有时候表示真实的人或人们，即假定具有那种性质的人或人们。让我们弄清楚这些含糊不清的东西的意思；让我们学会明确地谈及这些人们，以及我们认为他们所具有的性质；然后让我们再努力去找出这一段令人困惑的文章的含义。

关于“最高的权威”，（我们可以假定我们的作者会这样说，）“我所指的与我所说的制定法律的权力是同一个东西。”这正是上面我们在前件的名称下所看到的命题。因此，我们可以认为，这个前件是一个定义，也就是“最高的权威”这一用语的定义。现在，给一个用语下定义，就是把它转变成另一个用语，假定后者比较令人易懂，而所表达的是同一个意思。在这里，假定读者自己早已完全明白“制定法律的权力”这一用语的含义；并假定他丝毫不明白或至少不大明白“最高的权威”一用语的含义。根据这种假定，于是，为了让他弄明白后者的含义，便告诉他，后者是前者的同义语。现在，让我们介绍“人”（person）这个词的提法：让我们把人这个词放在上述定义之中；那么该定义实质上仍然是原来的含义，只不过稍为充实一点，用词准确了一点。一个拥有最高的权威的人，就是一个拥有制定法律的权力的人。可见，这句话的实质含义，早已在前件中加以规定了。

七

现在，让我们来考虑那后件；如果把它和上下文分开，单独来看，可以把它看做自成一句。他说：“在任何国家中，这种最高权威无论在哪里，它都是此权威：制定法律的权利。”所谓“无论在哪里”，我当然认为他指的是“无论在什么人的手中”；所谓“权威”，在此句的前一部分，指的是“权力”；同是“权威”这个词在此句的后一部分，指的是“人们”。因此，这个句子应该正确地读成：在任何国家中，这种最高权力无论在什么人的手中，它都是这些人制定法律的权利。

八

现在，唯一尚未去研究的词是“权利”。对此词应如何考虑，我确实不知道：我们的作者是否认为此词有它的含义，或者没有。我们可以看到，这个词是插进来的，它只是出现在句子的后半部，而没有出现在前半部。考虑到这种遗漏，在这里可以提出两点猜测：它可能是偶然出现的，也可能是有意安排的。如果出于偶然，那么应该是：附加在“权利”一词上的含义，并未超出句子前半部分所包含的内容，不过在前半部分没有用这个词来表达，而在后半部分则用这个词来表达。在此情况下，用不着改变这个句子的任何含义，就可以在前后两部分都用这个词来表达。如果这样表达，整个句子就成为：在任何国家中，行使这种最高权力的权利，无论在什么人的手里，它都是这些人制定法律的权利。如果这种猜测是对的，那么我就会很容易地想到，我们再一次看到——我相信毫无疑问——在这个省略的三段论中，后件只不过是重复前件而已。这样一来，我们可以判断，这句话是否出于这样的考虑，例如“文明国家的目的和制度”，或者任何其他的考虑，这些考虑很可能使我们进一步相信这个结论的真实性，而超过这个结论本身向我们显示的真实性。我们也可以事先设想出某种判断：在这一堆字词中，最可能存在什么含义和有什么用处。

九

如果我们所说的这种遗漏是有意安排的，情况可能会怎样呢？——尽管这无论如何是不可能的。在这种情况下，我们只能理解“权利”一词的含义是在这个句子的后半部引进的一个新概念，是在此句子前半部所提及的任何概念之外添加上去的。根据这种解释，在这个地方的“权利”，在另一个地方，却被认为与“事实”截然不同。于是，它的意思就是：无论什么人，只要他们确实行使最高的权力（或者，根据这个省略三段论式的前件，它和制定法律的权力是一回事），这些人就有权利去行使它。可是，在此情况下，这个被引进的新概念既不是在前件之后提出任何后件，也不是任何能够构成后件的东西，它完全是外来的，与其他的讨论无关。看来，对我们的作者更加有利，也更具可能性的结论是，他根本没有想到它有什么含义，而不是他想到有上面的含义。

十

现在，让我们继续探讨，我们能够在这一段文章余下的部分中得到些什么。后面的文章是从“因为”一词开始的，它似乎对一个论点的称号提出要求。据我们所知，这个论点并没有提出一个对象，最后它好像发现了一个如对象似的东西，好像是他顺便捡到的。如果我没有弄错，那么这个对象就是要说服人们，对那最高的权力（即在一个国家中行使最高权力的那个人或那些人）在任何情况下应该无例外地服从。他说，人们在一个国家中，他们所企望的就是像“一个人”似地去行动。可是，一个人只有一个意志是属于他的，那么，他们企望的或者他们应该企望的（二者有一点不同，我们的作者对此似乎没有察觉到）就是，他们好像只有一个意志似地去行动。要使他们好像只有一个意志似地去行动，办法就是让他们把他们的意志“联合在一起”。要这样做，最好的办法将是“自然地”把它们联合起来；但是，由于众多的意志不能像处理木板那样把它们拼接起来，唯一行得通的办法，就是使它们“政治地”联合起

来，也就是要他们都同意：让他们的意志都服从一个人的意志。这个为所有的人的意志所服从的意志，就是那些行使最高权力的人们的意志；他们的意志，如果恰巧也是多种多样的，则必须简化为(我们认为必须假定如此)一种意志，可是，我们的作者没有说出通过什么办法达到这一步。这些就是我们的作者的论点。以上只是这段文章明白地提出的实质内容；完全没有像他那样附加许多修饰词，但是，我相信表达得多少更准确些。我们可以看到，整段文章是以我们的作者所喜爱的同一命题——或者类似的东西——结束的，这个命题至今已经重复了二十遍。

十一

总的说来，毫无疑问，这是一个十分巧妙的论点：在这个世界上，没有任何东西能够更好地达到那个目的，除非在恰好需要时出现上述情况。一个富有经验的对手——他受过有规律的合乎习惯的法律击剑(辩论)的纪律训练——的确可能采取适当的手段，设法把这场决斗的荣誉让与我们的作者。但是，如果换了一个不守纪律、十分莽撞的人(如那个代理主教的女房东)，当他[①]在决斗中该用第三种姿势时，他却采用了第四种姿势，我很怀疑他是否不能打破我们作者的防线：我"企望"？我"同意"？我"顺从"我自己？"你是谁，难道你会比我自己更知道我的所作所为？"至于"让我的意志服从于"那些人的意志(他们制定了你所讲的法律)，我所知道

① 原文为 he，在这里代表不论性别的任何人。——译者

的是，我从来没有“企望”过任何这样的东西：我告诉你，我讨厌他们，讨厌他们的一切所作所为，还有他们一贯所说的东西。至于我的“同意”，非但我一直不同意他们的法律，而且我自始至终一直在用我所有的力量抗议这种说法。关于我们的倔犟的争论者就写到这里。我知道我应该向他说些什么，但是，我们的作者能够找到什么话来回答他呢，对此，我实在无法想象。[①]

十　二

现在让我们回过头来再看看其他段落，我们估计，在那里，他也会有同样的构思，看来他在这种构思中想法如下。首先，我们接触到的是那短短的导言，它引出了整段离题的文章。虽然这段导言不长，虽然它对后面整段文章内容的大意介绍得不够完全，但不管它论述的次序如何，它是阐述了文章的主题。他在阐述这个主题时的确具有任何东西都无法抵挡的论证的力量和表达的技巧。它是这样开始的：“它必定会引导我们对社会的性质和文明政府作一次简略的探讨。”[②]这就是我们已经考察过的那些段落的内容的

① 在这一段话中，我们现在要探讨一件事；它就是那句作结论的话。在这句话中，他提出了法律与意志的概念。所以，在这里，在这段离题的插话的最后部分，他比较接近现实，虽然他对此并没有意识到；他对法律提出了一个概念，这个概念比在这段离题插话中任何地方所提出的法律的定义更为恰当和准确。如果，他不说法律是意志，而称它为意志的表达（对意志的这类表达，他称之为命令），那么，他的这个定义，就其含义而言，就和权利一样清楚。可是事实上，法律既不是意志，也不是命令。如果想对此作进一步探讨，则要在另一个地方。法律的定义是如此微妙和重要的事情，不宜于在一个注释中去详细讨论。

② 《诠释》，第1卷，第47页。

提要。它是以一些有分量的词汇提及这个主题的,但这些词汇过于有分量而不那么准确。——“这种属于国家主权的自然的和固有的权利,”(注意,这是属于一个政治社会的主权的自然权利)“无论这个主权在哪里,它都是制定和执行法律的权利。”

十 三

这还不是全部,最重要的段落还在后面。在这个很短的段落中[①],我们发现它包含了许多内容。他谈到了当前存在的几种政府形式。他说:“无论它们是怎样开始建立的,或者无论它们是靠什么样的权利存在的,在所有这些国家中,都存在并必然存在一个最高的、不可违抗的、绝对的、不受限制的权威,*jura summi imperii*,或者主权的权利,就属于这个权威。”

十 四

这段话的激烈性是非常值得注意的。他搜索枯肠:他堆砌词汇,一个叠一个,用了四个他能找到的最惊人的形容词;他把奥塞山堆在皮立翁山之上;[②]似乎英语还不足以表达这种权威的强大

① 《诠释》,第1卷,第48页;本书前面第2章,第11节。

② 在希腊神话中,传说巨人们妄想把皮立翁山和奥塞山堆叠起来,以便攀登奥林匹克峰与诸神作战;从而“把皮立翁山堆在奥塞山之上”这句话便用来表示办不到的、难上加难的事情。边沁用了这个典故,并且又把两座山颠倒过来堆,加强了他的幽默和讽刺。——译者

和庄严，他用了一段令人生畏的拉丁语来结束他的整句话。我想，从所有这些激动不安的语言中可以明显看出，在他的心里一定有些什么重要的东西；他想，但也许又害怕不加掩饰地说出来。然而，在好几个地方，他还是不由自主地突然说了出来，也可以说，在他还没有准备好之前便说了出来；这是某种随意性最终在思想上占了上风，如同我们所看到的那样，他在文字中所表现的力量便在一连串含糊其辞和诡辩的论述中逐渐化为乌有。最令人奇怪的是，在所有的段落中，如果我没有弄错，这是唯一的专门阐述这个论题的段落，也是阐述得最含糊的段落。[①]

十　五

有一种比我们作者在此可能有的犹豫更为坚定的勇气。有一个比调解一对互相猜忌的对手——自由和政府——的要求更加复杂的任务要在这里完成。在政治领域中的任何地方都很难发现比这更招人反感的话题。敌人从四面八方包围着这位旅人，他可以悄悄地走动，但必须准备遭受从这个方向或那个方向而来的袭击，这种袭击带着政治上异端的敌意呐喊。他的处境的确困难；在这些狭路中，他感觉到自己一方面受到恐惧的推动，另一方面受到喜爱的推动。

① 另有一两段，也可以采用同样的办法粗读一下，但我不准备加以讨论，因为我们看了这几段后，觉得它内容贫乏。

十　六

让我们回过头来看看这一段，它是这一章里我更加迫切地需要去研究的问题。如果这条朦胧不清的道路对我们的作者来说并不熟悉，人们便会倾向于设想，他是出于偶然的情况，突然走进这条路的，为的是把自己从这种进退两难的窘境中解救出来。一篇谨慎的态度不明确的论述，也许足以表达作者对人世间的统治者所保持的公平立场，同时又没有加入直接反对人民偏见的行列。这一段文章，在不同的人的眼里，它会呈现不同的样子：对那些当权者来说，它从一开始就会使自己受人欢迎，因为它适合于作为人民用来学习服从的实际课本；而在人民自己看来，它至少在一段时期内是符合要求的，因为它实质上是一连串法理学的抽象的科学命题。只有等到有机会运用它时，它的真正用途和功效才会显露清楚。当人民不论在什么情况下，开始窃窃私语，并商量反抗的办法时，才是这段文章的潜在的功效被唤起的时候。这时，这本书便会向他们打开，他们会在这段文章中看到——也许他们从来没有看到过——这样一堆论证被如此奇怪地串在一起和伪装起来，为的是去证明服从是合乎普遍的便利，或者更明白地说是出于必要。这种必要的产生，不是来自考虑到反抗可能带来的灾难要大于顺从可能带来的灾难；也不是来自任何这一类有争议的考虑；而是来自某种更有说服力和更有效的东西，即某种形而上学法律上的(metaphysico-legal)无效，它引起人们服从的思想并符合一个自然人的全部意图。我们的那些对政治现状不满的人们，全副武装，

满腔义愤，向着皇宫前进。结果却徒劳一场。突然有一种要求禁止反悔的东西，以我们已经见过的方式，借助我们作者的法律工程的力量，射向他们，他们手中的武器则像中了魔似地纷纷落地。他们再想表示不同意，再想叫喊抗议，再想说反对，总而言之，再想收回他们的意志，这时候（他们被告知）都太晚了：这是不许做的，他们的意志已经和其他人的意志一起被投进混合物之中了；他们已经“联合”起来了；他们已经“同意”了；他们已经“服从”了。我们的作者已经用他的钩子钩住了他们的鼻子，他们怎么来的，就怎么回去；于是，一切平静无事。这足以称为多智多谋的发明，但是，我怀疑，大众的感情真的是这么容易被愚弄？有时候，的确会发生这种情况：一种谬误暂时被另一种对立的谬误赶走，一种胡说被另一种胡说赶走；但是，要想有效地闩上门，并永远抵抗住一切谬误和一切胡说，没有什么比得上那简单明了的真理。

十　七

在他费尽力气向人们反复灌输无条件顺从的思想之后，有谁还会企望我们的作者本人会和那些最激烈的人一起去激励人们不服从呢？而且，有可能是借着最无聊的托词去这样做吗？总之无论借着什么样的托词去这样做吗？可是，我们稍微往后一看，便会发现他正是这样做的。我说，那些最激烈的人（至少是最开明的为他人而鼓吹自由的人）都赞成臣民为了他们自己的利益，在自愿的基础上去抵抗。而这是不会使我们的作者满意的，相反，他一定会把反抗作为一种义务而强加于他们。

十八

正是在我们正在考察的这段插话之前，但也是在同一节之中，谈到了虚构的自然法以及天启法。他说："不应该容忍任何人类的法律去违背它们。"[①]这种说法真是了不起。不是任何人类的法律都不应该违背它们，而是不应该容忍任何人类的法律去违背它们。然后，他为我们举了一个例子。人们也许会想，这个例子应该具有减轻这条规则的危险倾向的作用。可是，恰恰相反，这个例子必然会增强这种倾向。[②] 此外，在他把这个例子应用于那条规则时，规则的实质，不外是以更加明确和更加有力的词汇重述一遍。在谈到他举例说明的那条规则时，他说："不仅如此，如果有任何人类的法律允许或者责成我们去违犯它，我们就有义务违反这条人类的法律，否则，我们必然会既触犯了自然的法，又触犯了神的法。"

① 《诠释》，第1卷，第42页。

② 这就是谋杀。他在这里所选用的字眼，潜伏着一种谬论；这种谬论使得这个命题更加危险，因为这个命题听起来更加似是而非。这个命题是如此重要，绝不能忽略；同时，在这里所能提出的仅仅是一点轻微的暗示。谋杀是在某些状态下的杀人。人类的法律是不是被允许作为最后手段，去限定那些状态是什么？还是不允许这样做？如果允许，那么，"人类的法律允许或者责成我们去违犯它"的这种情况，便与可以假定的情况不大相同。如果不允许，那么，则与一切人类的法律无关，于是，我们多数的成文法、我们的报告、我们的基本原则以及一切迄今为止我们习惯称之为法律的书籍都要付之一炬；我们的法律书籍，我们可以深信不疑的唯一的法律书籍，就只有普芬道夫（普芬道夫，1632—1694，德国法学家，古典自然法学派主要代表人物，他的社会契约论与布莱克斯通的一致，正是边沁所批评的观点。——译者）和《圣经》了。

十　九

这个危险准则的正当性，就神法而言，我必须在将来有机会时作更加特殊的探讨。[①] 至于自然法（我相信它将出现），如果它什么也不是，而仅仅是一个术语；[②]如果除了某种行为的有害的倾向之外，再没有其他手段可以证明该行为是对自然法的一种触犯；如果除了某项法律的不适当之外，再没有其他手段去证明该项国家的法律是与自然法相冲突的，除非是某些人的毫无事实根据的非难（他们认为这可以被称为一种证明）；如果一种用来把那些可能与自然法相冲突的法律和那些仅仅是不适当，但并不和自然法相冲突的法律区别开来的检验标准，甚至连我们的作者，或者其他任何人也不曾作为虚构的检验标准提出过；总而言之，任何法律如果为一些人出于那种或那种原因而不喜欢，那么，这种法律很少不会被他们认为和《圣经》的某些内容有矛盾；我看不出有什么补救的办法，除非这种学说的自然倾向是通过良心的力量迫使一个人站出来，用武力反对他偶然发现的不喜欢的法律。什么样的政府能够与这种安排并存，我必须将它留给我们的作者去告诉我们。

① 根据我们的作者的看法，的确，用不着分别地谈这两种法；因为他告诉我们神法不外是"自然法的一部分"（《诠释》，第1卷，第42页）。至于我们现在所讲的这部分内容，至少是两种法所共有的，如果与一种法相冲突，自然也就与另一种法相冲突。

② 在研究这一节的前头某些部分时，也许有机会较详细地指出自然法是什么。

二 十

这就是功利的原则；如果它被准确地理解和坚定地应用，就会提供唯一的线索引导人们通过这些狭窄的道路。它就是为了这个目的，如果它有目的的话；它仅仅为了这个目的而提供一种结论，谁也不敢在理论上不承认这种结论。甚至在理论上它也会使人们和解。人们至少可以组成更接近于一个有效的联合体的某种组织，而不是在理论上和实践上都处于分歧的状态。

二十一

至于说到假设的国王与人民之间的契约[①]，我已经有机会加以叙述了；在我看来，我对此问题能够加以全面叙述的唯一时机，是在反抗政府变成值得称赞的行为之时，而不是在这之前；或者，换句话说，是在这种反抗行为可以和公正的看法取得一致之时，而不论它是否合法，至少，它是合乎道德的，而且，如果有任何不同，也是宗教义务方面的。[②] 到那时，人们所谈论的是政府的一个特殊部门，这个特殊部门在英国就是由国王来管理的部门。如果反抗是公正的，即在我们这个国家，把它应用到政府的这个部门是公正的，那么，根据同样的理由，把它应用到政府的全体时也必然是

① 本书第1章。

② 参看本书第5章，第7节，注①。

公正的;这也就是说,对任何政府来说都是公正的。我们可以说,就是在这个时候,而不是在这之前,才可以允许去反抗,如果参与反抗不是每个人出于义务和利益的考虑或义不容辞的责任的话;那么根据他所能作出的最好的推算,反抗的时机便是,反抗可能带来的灾难(指对整个社会而言),在他看来少于服从可能带来的灾难的时候。这个时候,对他来说,也就是对每个具体的人来说,便是反抗的时机。

二十二

在这里,自然会产生一个问题:有什么征兆可以让人们知道这个时机呢?应该通过什么样的为人人都能感觉到的、普遍而又明显相同的信号呢?这的确是足够令人吃惊的问题。但是,对这个问题,我希望正如人们所知道的,它差不多是一个无法找到答案的问题。一个为了达到这种目的的普遍的信号,对我来说,我完全不知道。我想,他必须比先知更有本领才能告诉我们一个这种信号。不过,对一个具体的人来说,我已经提出一个这种信号:那就是他自己内心的信念,对反抗所带来的功利的衡量。

二十三

除非这种信号(我认为是不可能有的)能够被看得见,否则,最高统治者的权威范围(如果人们可以这样说的话),虽然不是无限的,我想,却必定会不可避免地被认为是不明确的,除非它受到明确的协定的约束。[1] 我也看不出在我们这种政体下，或者在更加自由的任何其他政体下，能够有一种（如果有一种的话）比在最专制的政体下更精密的对最高统治者的权威范围的限制，或者其他什么限制。在我所描述的时机来到之前，甚至在像我们这样的国家里，反抗也会来得太快；如果时机已经到来，那么反抗可能早已来到，在这种情况下的政府，任何人都必定说它是专制的。

二十四

说一个政府是自由的，另一个政府是专制的，这两种政府的区别何在呢？是不是在那些握有人所共知的最高权力的人中间，这一个人手中的权力比另一个人手中的权力少些（如果这种权力是他们从习惯中取得的）？绝非如此。那么，难道不是由于这一个人的权力比另一个人的权力受到更多的限制？它们的区别取决于极不相同的复杂的种种客观情况：——取决于这种方式，即在自由的国家中，全部权力的总体集合起来便是最高的权力，它在几种阶层的人们中间分配，这些人是最高权力的分享者；——取决于这种根源，他们分享最高权力的资格可以不断从中得到；——取决于统治者和被统治者之间位置的更换频繁而容易；因此，某一阶级的利益不知不觉或多或少地和另一阶级的利益融合在一起；——取决于统治者的责任，或者说一个臣民有权利根据一定的理由，公开指定

① 这是指这样的情况：当一个国家，根据协定的条件，不得不顺从另一个国家；或者，一些国家的管理机构，同意在某些特殊的情况下，要遵照在它们的所有管理机构之外的某个机构的指示办事；例如，这个机构所包括的成员，由每一国的管理机构委派。

掌权者和详细地检查对他施加压力的权力的每个行动；——取决于出版自由，或者说保证每一个人，不论他是这个阶级的或那个阶级的，都能够使他的不满和抗议为全社会所知道；——取决于公开结社的自由，或者说保证那些对政府现状不满的人，在行政权力能够合法地去干涉他们的行动之前，可以交换他们的感受，商议他们的计划，实行任何一种实际反抗的反对方式。

二十五

那么，这种情况可能是真实的：特别由于这最后一种情况，一个在这种情况下的国家，如果需要革命，那么通往革命的道路肯定会短些，肯定会顺利和容易一些。更可能出现的情况是，如果出现这样一种革命，它将会是许多人的事业，而且在这种革命中，多数人的利益很可能得到照顾。这样一来，由于有了这些便利条件，因而在一个被称为自由的政府的统治下，比在一个专制的政府的统治下，反抗的时机会来得更快些，也会少些激怒和刺激；但是，如果这个时机已经到来，那么在这两种政体中，反抗都会过早地来到。

二十六

让我们简短地但坚决而沉着地公开声明，我们的作者焦虑不安地冒险提出的论点是：最高主体的权威，除非受到明确的协定的约束，不能有任何可以指出的和确定的界限。这意味着他们没有什么不能做的事情。说他们所做的事情是非法的，是无效的；说他们超越了他们的权威(不论用什么词来表达),即他们的权力、他们的权利——不论这种说法有多么普遍,也是用词不当。

二十七

难道立法机关不能这样做吗?难道立法机关不能制定一项有这样效力的法律吗?为什么不能够?是什么东西妨碍了他们?为什么有那么多的法律受到埋怨,也许是埋怨它们定得不合适,可是,却照样为人们所服从而不发生任何权利的问题?和自己同一派别的人在一起,和那些已被有关的法律激起了不满情绪的人们在一起,说什么都会被接受;废话也是好的,并且是火上浇油。可是,对于一个与此法律无关的旁观者,很明显,他不会否认立法机关的权利,他们的权威,他们的权力,或者诸如此类的东西,他不会否认他们能够做现在所谈论的事情。事情不会如此,我认为,任何带有这种倾向的说法,都不能给他最小的满足。

二十八

就算一般地承认这个命题,可是,什么东西对我们更密切?即使承认对立法的权威存在某些界限,这样说又有什么用处?——如果甚至没有人企图指出这些界限有什么用处,也就是,依靠这种方式,可以事前知道,哪一类法律必定在这些界限之内,而哪一些又必定在它们之外呢?即使承认立法机关有些事情是它所不能做的,即使承认有些法律超出立法者制定法律的权力;这类论述能够为我们提供什么规则去决定现在所讲的任何一项情况是或不是一个数字的问题呢？就我来说，我找不出来。要么，这种论述一开始就是混乱的；要么其他一切论述都是含糊不清的，而且提不出什么明白易懂的论证；而如果有这样的论证，那它们就是从功利的原则引申出来的。这些论证，不管使用怎样不同的词句来表达，最后不会多于也不会少于下面的内容：这条法律的倾向或多或少都是有害的。如果这就是这种论证的结果，那么，为什么不立刻去把它弄清楚？为什么当简单的理由明明白白地摆在我们面前时还要绕一个诡辩的大圈子呢？

二十九

那些坚持这种语言的人，应该从中推导出什么样的实际结论，这一点并不完全清楚；也许，每个人所理解的也不完全相同。有些人，当他们谈及一项法律正在变得无效（为了找到这个措辞，我将限制我自己，不去找遍全部目录）时，他们会试图说服我们，相信该法律的制定者已经因此丧失（如措辞所表达的）他们的全部权力，即使这项具体的法律以及任何其他法律生效的权力。这些人，如果通过功利的原则，得到同样的实际的结论，他们可能会说这项法律之所以变得这样有害，那是因为该社会的大部分人对它有了正确的见解，反抗它可能带来的灾难会小于服从它可能带来的灾难。这种观点和前一种看法是对立的。

三　十

那些闭口不谈丧失权力的人，一般说来，他们的观点是不很激烈的。他们是这样的一些人，如果他们把自己的观点建立在功利原则上，并使用我们的措辞，那么他们也许会说，该法律确实正在变成有害的，但不会说已经有害到刚才提到的那种程度。他们所提出的对抗方式是在某种合法方式的名称下出现的。

三十一

于是在他们心里，认为这项法律是无效的，而且看到其后果。附加于无效一词的意思，是我们从应用到私人文件的一些句子中获得的。一份私人文件变得无效的后果是，所有与文件有关的人行动起来，就像这种文件根本不曾存在过一样。同样，一项法律变得无效的后果必然是，人们行动起来就像根本没有关于这类事项的法律一样；因此，如果有人凭借这项法律的委托，竟然做出强迫他人的任何事情（没有这法律，他的行为将会受到惩罚），他仍然会受到惩罚；也就是通过司法权力的委派，使他受到惩罚。让我们举一项征税的法律为例：如果有人用武力去征收赋税，他可能作为一个侵犯者而受到惩罚；万一他在使用武力的行为中被杀了，那么，杀他的人却不会按谋杀者加以惩罚；如果他杀了别人，他自己却可能作为谋杀者受到惩罚。是哪一类机关去执行这样的惩罚职责呢？是法官组成的机关。将其应用于实际，这种论点的作用便是，通过向法官提起诉讼，授予这些官吏一种控制的权力，去监督立法机关的法令。

三十二

通过这种安排，也许一个特殊的意图偶然得到解释，但愿这是一个良好的意图。人民从这种学说的一般倾向以及与它一致的实际措施中得到的好处，比我所能设想的还要多。一个议会，假如它受到国王的影响过大，就会对人民的情绪和利益很少关心。就算是这样吧。但即使人民的权利不像他们可能有的或应该有的那样多，无论如何，人民至少还有选择议会的某种权利。而如果给法官一种废除议会法令的权力，那就是你把一部分最高的权力从一个会议（人民至少对它还有某种选择的权利）转移到一批人民对他们毫无希望有权去选择的人们手中，即转移到由国王单独任命的人们手中。这些人都是单独地、公开地和永久地被任命的，正是由于这些官吏的不公平的和在特殊场合的影响，才造成你需要设法去补救的那种苦难。

三十三

在辩论最激烈的时候，也许有些人会说，这种做法就是立刻把最高的权威从立法权那儿转移到司法权那里。但是，这种说法却又离题太远，趋向另一个极端。在立法权中肯定部分和否定部分之间有很大的区别。同时，具有特定理由的否定和没有任何理由的否定之间又有很大的区别。即使按照特定的理由去废除一项法律，也是一种很大的权力；对法官来说，的确是太大了；但是，这个权力和那个制定一项法律的权力相比，还是性质完全不同的，而且相形见绌。[①]

三十四

让我们回过头来略为看看，在否定对最高权力有什么可以指出的界限时，我加上一句[②]，“除非受到明确的协定的约束”；这个例外是我不能不附加的。我们的作者，在那一段文章里，的确写得很短，但却写得十分明确，我们可以看到，他对此没有留下任何余地。他说（当他谈及那几种政府的形式时）：“不论它们是如何开始的，不论它们的存在是依靠什么权利，在所有的政府中都有而且必然有一个绝对的权威。”然而，他是说所有的政府，毫无例外都是如此。这就是说，众多的人若不服从某一个其权威不受协定限制的主体，就决不可能生活在一个有政府的国家中。简单地说就是，即使通过协定也不能在一个国家中使这个主体的权力受到任何限制

① 不管已经说了些什么，想要掩饰可能是徒然的。有时候，这类呼吁可能很容易得到响应，而且，一般说来，的确有一种倾向，以某种方式，响应那些支持或表示支持人民利益的人的意图。一种公开的、被批准的有关某项法律正确性的争论，就是通过这种方法提出来的。连珠炮式的攻击是在该项法律本身的掩护下去反对此项法律的。于是，有机会向众多的、聚精会神的听众散布一种不欢迎某项法律的情绪。至于这项呼吁的其他作用（让我们相信，我们曾经看到过这种呼吁所造成的影响），就是肯定那种曾经鼓励人们去进行尝试的力量的失败。

② 参看前面第26节。

（它在其他方面也是最高的）。我认为这种说法未免说过头了。这等于说在德意志帝国中没有政府这种东西存在；在荷兰联省共和国中，在瑞士联邦中，在古代希腊人的亚该亚联盟中也都不存在。

三十五

在这种限制的方式中，我看不出有什么东西足以令我们感到惊奇。通过什么东西才能把任何一级的权力（指政治权力）建立起来呢？它不多不少，正如我们有机会看到过的，[①]是一种服从的习惯和服从的倾向。习惯，指的是过去的行为；倾向，指的是未来。我认为（也许我犯了大错），人们容易设想某类行为缺乏这种倾向，不像在其他的行为中存在这种倾向。因为一个主体，由于它在其他方面是最高的，便被设想为它对某类行为要受到限制；必要的条件是：这一类行为必须被描述成与所有其他种类的行为不同。

三十六

通过协定的方法，给我们提供了这个普遍的信号；在其他情况下，我们绝无希望找到这个信号[②]。在这个协定中，对某种行为加以特别规定，它制止缔约的政府颁布一项带有某种后果的法律：不论这种后果是命令人们采取或者允许采取这种行为，还是禁止采

① 参看前面第1章，第13节注释。

② 参看前面第22节。

取这种行为。尽管如此，一项带有这种后果的法律被颁布了。这种法律(它的含义，与该协定中这一部分的含义一样，而该协定不允许人们认为它是明确的)的颁布是人所共见的声名狼藉的事实。由于这种法律的颁布，我们就有了一个事实，可以把它作为我们所讲的那个普遍的信号。我们所讲的最高主体的这些界限标志出它的权威的范围，那么这样的界限有什么效果呢？或者毫无效果，或者是：服从的倾向把自己限制在这些界限之内。超过了这些界限，服从的倾向就不再扩展。超过这些界限，该国臣民便不再准备服从他自己国家的统治主体，正如不准备服从任何其他的统治主体。设想一种使最高权威受到限制的事物存在状态，真有那么困难吗？我看不出，设想有这种限制比设想没有任何限制会有更大的困难。我必须承认，对我说来，这两种状态都是可以想象的。至于两者是否同样有益，即是否同样有助于人民的幸福，那就是另一回事了。

三十七

愿上帝不会让人从这里所讲的任何论点中推演出这样的结论：在任何社会中的任何协定都是或者可以被制造成具有一种不可超越的障碍效果的协定，而受这个协定影响的各方面还将认为这是一次改革。愿上帝不会让一个国家宪法中的任何弊病竟然没有补救的办法。有些人也许会想到这样一种情况，在这种协定中的那个最高主体，作为缔约的一方，由于已经和另一方结合在一起，因此不再作为向此契约提出任何新的修改意见的主体存在。然而，可以找到许多办法去达到必要的变更而丝毫不偏离此契约的精神。虽然,那个缔结此契约的主体自身也许不再存在了,但是一个较大的主体(从它那里,前一个主体才被认为已经取得它的资格)却可能依然存在。让我们考虑到这个较大的主体。这样做可以设想采取的方式是多样的,而且这样做丝毫没有贬低现存立法机构的尊严。所谓这样做,我指的是达到这样的效果:如果这个较大的主体赞成这样改动,这种改动便可以通过法律来完成。在此情况下人民这个主体对这种改动既不应该认为,也不会认为是破坏了协定。[①]

三十八

让我们转回来看看那些把最高权力说成受其自身性质限制的人,听听他们所使用的语言。有一件事,我希望记住它。这里所说

① 例如在大不列颠,假定人们认为有必要去改动联合条约。如果有一项条款的规定有利于英格兰,这是没有什么困难的;因为在英国成员中,大多数人拥护这种改动而不考虑苏格兰人。唯一发生困难的是制定一条有利于苏格兰人的法律,因为比起英格兰人来,苏格兰人的人数较少。在此情况下,不用多说,最合适的办法是:为了维护公众的信念,避免激怒整个民族,就要依靠人民的情绪,采用某种方式去制定新的法律。方法之一可能是这样的:把所说的新法律制定成一般的形式,但要让该法律开始生效的时间推迟一段时期,例如推迟一年或两年;这样,等到这段时期一结束,该法律便开始生效,除非有许多人提出抗议,而且这一类人的人数又多到可以被认为足以代表人民的一般情绪:例如,这些人,在这个时候,在这个政治联合体中,可以构成选民的总体。如果要使一项法律的有效性不至于引起争论,它必须最终依据这样的事实,即它的性质必定是声名狼藉到用不着争论。决定一项法律无效所根据的条件,必须留给某个人或某些人去简单地宣布,例如,由国王宣布。这种看法只是我作为一般的看法提出来的,而且是根据同一观点可能提出的许多看法中的一个看法。不要期望我会在这里回答相反的论点,或者进入详尽的论述。

的用词不当和这一类文章的不良影响，并非丝毫有意非难那些使用这种语言的人们，似乎这种语言往往会产生的不良后果是有意附加于它的。这种语言经受了比任何具体的个人的过错更大的不幸。这种语言的原意已经消失在远古的黑暗中。我们从我们的先辈那里继承了这种语言，而不管它的所有不便之处；而且，我恐怕，我们还很可能把它传给我们的孩子们。

三十九

我不认为这仅仅是文字上的争论问题。我不能不相信，争论的各方之间——在拥护一项法律和反对这项法律的人们之间——如果他们一旦明确地并经常地参照功利原则，他们便会比现在有更多的机会去调整自己的论点。这个原则的立足点是事实本身，它可以平息各种争论；这就是未来的事实——某些未来可能发生的事情的偶然性。如果一个争论是在这个原则引导之下进行的，那么就会出现两种情况中的一种：或者他们对这种偶然性获得一致的看法，或者在对争论的真正原因进行适当讨论之后，他们最后会发现，不能希望达成任何一致的看法。不过，无论如何，他们会清楚地和明确地看出，他们的分歧究竟在哪里。于是，那不满的一方便会根据正当的理由作出反抗或顺从的决定：根据这样做是否对他们有利；根据那些争论的问题的重要性，对他们来说将会如何；根据对他们来说成功的可能性和不可能性的程度如何——简言之，根据服从所带来的灾难比反抗所带来的灾难的比率会小些，还是会大些。但是，当他们认识到，他们之间的争论并不单纯是一个感情问题，而是存在着判断的差异时，当他们认识到他们所能认识到的争论的真正原因时，调和的大门将会开得更大。

四　十

其余的一切，不外是妇人的骂街、孩子的争吵，这些当然会令人恼火，而且绝对不能说服人。——“我认为，立法机关不能这样做——我认为，它能这样做。我认为，它这样做就超出了它的权威的界限——我认为，它没有。”很明显，如果争论的双方就是这个样子，那么这样争论下去只能使得彼此感到恼怒和糊涂，并会争论不休而毫无办法得出一个一致的看法。这无异于用一种含糊不清的词句，同时又抱着专横的、强词夺理的态度，去宣布他们相反的主张，或不如说是他们的个人偏见，而双方都不打算认真去探讨争论的根由。一直到这时候，非常可能，功利的问题还没有受到丝毫的注意。如果是这样，他们在讨论中所使用的语言，当然是被歪曲的和含糊不清的，因而可以和我们已经看到的那种模棱两可、纠缠不清的语言结构相提并论。

四十一

另一方面，如果这种争论一开始就公开宣布立足于功利原则，那么争论各方可能最后会达成一项协议，或者至少得到一个明显而清晰的争论点。——“我认为，我们所说的办法，其种种危害就是这样的一个数目。——我认为，不是这样，要比这少些。我认为，这种办法的种种好处只能达到这样的一个数目。——我认为，不是这样，要比这多些。”我们看到，这种争论的话题，和前面的争论是大不相同的。这个问题，现在很明显，是对未来许多可能发生的事情进行猜测的问题。要解决此问题，争论双方会自然地被引导到，通过这种问题的性质所容许的唯一的证据来支持各自的见解。他们都认为，在过去发生的这类事情中所看到的这种证据，在未来可能发生的这类事情中同样会出现。这些过去的事情总是为数众多的。这个数目如此之大，以致在为了辩论的目的考虑它们之前，其中的很大部分很可能被争论的一方所忽视；也许正是由于这点，而不是由于别的缘故，这一方的见解才变得和另一方不一致。那么，在这里，我们有一条平坦而宽广的道路，也许可以达到和解；在最坏的情况下，也会得到一个容易理解的和清晰的争论点——也就是说，对这样一个分歧的原因，经过彻底的探索和钻研，可能会发现它最后是导向和解的。当人们一旦彼此了解清楚之后，不用很久，他们便会意见一致。正是那由模棱两可、似是而非的论述引起的困惑，在分散了和难倒了人们的理解能力之后，才刺激和煽动起那种偏激的情绪。

但是现在，该是我们从作者的原文，从那个把我们不知不觉地引入歧途（我们是被这个微妙而错综复杂的问题引入歧途的）的原文，转回到我们的作者的时候了。

第五章 最高权力制定法律的义务

一

我们现在来探讨在这段离题的话中的最后一个题目：某种“义务”，即根据我们的作者的说法，最高权力所具有的制定法律的义务。

二

他说：“到此为止，制定法律是最高权力的权利；可是，进一步说，这又是它的义务。因为，既然各个成员理应使自己的行动符合国家的意志，那么他们最好还是从国家意志的宣告中接受指示。但是，在如此众多的人口中，要对每一个人的每一个特殊行为都发出命令，是不可能的，既然如此，这个国家为了给所有人颁布永久性的通知和指示（在各个方面，不论是积极的或消极的义务），便制定了一般性的规则。这样做，为的是让每一个人明白什么东西可以看做自己的，什么东西是别人的；要求他去履行怎样绝对的和怎样相对的义务；什么事被认为是正当的、不正当的或者是无关紧要的；每一个人保留他自然的自由到什么程度；每一个人已经放弃了哪些东西作为社会的福利的代价；每一个人应该抱怎样的态度，有节制地去行使国家分配给他的那些权利，以便促进并保证公共的安宁。”

三

这些话，仍然和前面他的话一样，模糊不清和模棱两可。我们还会记得，根据我们的作者不久前所下的有关定义和他常常谈及的有关内容，“最高权力”不多不少正是制定法律的权力。现在，我们被告知，这种权力是它制定法律的“义务”，从这里我们知道些什么呢？——最高权力的“义务”就是去做它所做的事情；简言之，就是成为最高权力。这就是我们眼前的这一段话的含义，不过用了“因为”、“但是”、“既然”等词汇，以便向我们作一番证明而已。至少，这是他第一句话的含义留给我的印象——这是显而易见的。

四

为了使“制定法律”这个用语的含义完整，他在这个地方给它加上了它所没有的东西，为的是使这种含义得到充分的表达，而这种含义似乎是在前一段文章中才添加进来的。现在，他提及的作为“义务”对象的内容，的确又有了另一种含义，但这种含义比前一种含义更站不住脚。我们的作者说（扼要地重述前面他已经说过的东西）：“到此为止，制定法律是最高权力的权利。”我们看到，在前一章，这种权利指的是在一切情况下制定法律的权利。他现在加上，“可是，进一步说，这又是它的义务”。那么，它的义务是做什么呢？它要做的是在前面宣称按它的权利去做的事情——在一切情况下制定法律，或者（用另一个字眼，我们的作者自己用的字眼，并且按同样意图来使用），这是它的“绝对的”[①]义务，这样一类义务，很可能被认为是唯一的一种义务。

五

同时，这种意见（如果我推测正确的话，他早就有意要提出来的），似乎确实十分有理，并且是很重要的，但是，这种意见表达得非常含糊，并且与他前面的文章主旨并无明确的联系。他在这里所说的义务，我认为并不完全是指制定法律的实际过程，因为它还包括采取适当的手段去广为散布不论何种偶然已经制定的法律的内容；这种人人熟悉的义务（采用我们作者自己的某些词汇），并不完全是发布“指示”，因为它还包括规定这样发布的指示必须为人们所“接受”。

六

同时，我必须承认，我没有很大的兴趣去谈论最高权力的义务，立法机关（指的是最高的立法机关）的义务，以及一群被认为拥有绝对权力的人们的义务是什么。我并不愿意社会中处于服从地

① 《诠释》第1卷，第49页。

位的那一部分人对他们的统治者毫无戒备，或者在行为方面更加倾向于无条件的服从，除非我既大讲那些统治者的种种“义务”的绝对性，又大讲处于服从地位的人们所拥有的反对统治者的种种权利的绝对性[①]：我怕在论述中要陷进谬误和混乱。

---

① 我希望不会有人用这个注解来麻烦他自己，如果他不习惯于，或者不准备让他自己习惯于我们称之为形而上学的沉思的东西。按照他的估计，去弄清楚他所说的那些东西所获得的好处不大，不值得花这种力气。

1. 那个可以称之为我有义务去做的事情（指政治义务），就是你（或者另一人或另一些人）有权利要我去做的事情。于是，我对你负有一种义务；你对我具有一种权利。

2. 你具有权利要我去做的事情（指政治权利），如果我不去做，凭着以你的名义提出的要求，根据法律，我就应受到惩罚。

3. 我说的被惩罚：如果对惩罚没有认识（惩罚是加于一行为之上的痛苦，它来自一定的根源，并且根据一定的理由递增），我们就既不可能对权利，又不可能对义务有所认识。

4. 现在，痛苦一词的概念是一个简单的概念。对一个词下定义，或者说得通俗点，去解释一个词，就是去分解，或者说设法把该词的概念分解为几个简单的概念。

5. 对于解释义务、权利、权力、资格等词，以及其他许多同样充满伦理学和法理学含义的术语，要么我深受其骗，要么采用在这里列举的那唯一的方法（通过这种方法，能够传达任何教导）。我愿称用这种方法所作的解说为释义法。

6. 一个词，如果可以用释义法来解释，那就不是把该词仅仅转释成另一些词，而是把该词所参与组成的整个句子转释成另一个句子；后一个句子中的那些词都是易于表达简单概念的，或者比前一个句子的用词更加直接地分解成一些简单的词。相对于洛克所说的以混合方式表达的抽象术语来说，它们是以简单方式表达本质的词语。简单地说，这是唯一的方法；用这种方法，任何抽象的术语，最终都可以按任何教导的意图去加以解释：即在这些术语中很可能唤起已被领悟的本质的想象或感情的想象。这些想象就是根源，每一个概念必须从这个或那个根源引申出来，并成为一个清楚的概念。

7. 一般下定义的方法——逻辑学家称之为根据种属和差别的方法，在多数情况下，根本不回答意图的问题。在抽象的术语中，我们很快便可以推导到那些没有更高一级种属的术语。把根据种属和差别的办法而下的一个定义，运用到这些术语上，很明显，它不能再前进一步：它或者突然停止，或者折回来，可以说，折回到它自身，变成一种循环或者一种重复。

8. “刚毅是一种美德；”很好；但是，什么是美德？“美德是一种性情；”这也很好；但是，什么是性情？“性情是一种……”；于是，我们停在这里。事实是，性情没有更高一级的种属；一种性情不是一种……，任何东西。这种方法不能给我们任何概（接下页）

七

我想，我对义务（政治义务）一词所指的是什么，是颇为理解的，特别是当这种义务落在我自己身上时；可是，我想，我不能说服我自己，在正规的教诲式的论述中，把义务的这种含义运用到我所说的我的最高统治者那些人身上。凡是我有义务去做的事情，如果我不去做，依据法律，我就要受到惩罚。这就是义务[①]一词原来

（接上页）念说明它是什么。同样，“权力是一种权利；”可是，什么是权利？这是一种权力。我们的作者在某个地方说，一种财产是一种利益；可是当他给财产下定义时，他也很可能说，一种利益就是一种财产。总之，如果按这样方法给一个连接词或一个前置词下定义，也会出现这样情况。如果我们谈到前置词“通过”，或者连接词“因为”，便会出现，通过是一种……，或者因为是一种……，就是这样给它们下定义。

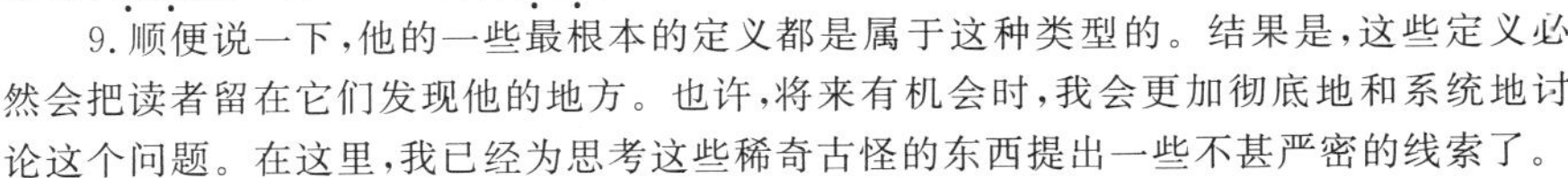

9. 顺便说一下，他的一些最根本的定义都是属于这种类型的。结果是，这些定义必然会把读者留在它们发现他的地方。也许，将来有机会时，我会更加彻底地和系统地讨论这个问题。在这里，我已经为思考这些稀奇古怪的东西提出一些不甚严密的线索了。

① 1. 人们可以设想有三种义务：政治的、道德的和宗教的，与此相应，有三类约束力以保证实施这些义务；或者同一种行为根据这三种理由都可能成为一个人的义务。每当我们讲完其中的一种义务，转到讲另一种义务时，如果我们对读者不加声明就开始讲另一种义务，或者在讲一种义务时，从一开始就没说明讲的是哪一种义务，那么只能产生混乱。

2. 政治义务是通过惩罚产生的；或者至少通过那些手中操有惩罚权力的人们的意志产生的；他们是被宣布和确认的政治上的占优势者。

3. 宗教的义务也是通过惩罚产生的；这种预期的惩罚掌握在一个确认的人——上帝手中。

4. 道德的义务是通过一种动机产生的；这种动机尚难取得惩罚的名称，因为由哪些人去行使这种动机，则不能确定。此外，运用到哪一类人的身上，以及运用到什么程度，都是不能确定的。也可以说，道德义务是通过各种各样的羞愧感产生的，这些羞愧感产生于那些不确定的易变的人们，即整个社会的敌意；这就是说，像他这样作为这个社会一员的个人，会恰好和这里所说的义务发生联系。

5. 当一个人根据这三种义务的含义坚称某种行为是一种义务时，他所坚（接下页）

的、普通的和恰当的含义。这些最高统治者有任何这样的义务吗？没有。因为，如果由于他们没有做某件事情，或者做了某种事情，

（接上页）持的是一种现实存在的或可能存在的外在事件；也就是，如果违反了此义务，便可以根据这些含义中的这一种或那一种加以惩罚。这个事件既外在于并不同于说此话人的感情，也外在于并不同于被说及的那一方的行为。如果他坚称这种行为是一种义务，但又不指明，人们应该把这种义务理解为是根据上述三种理由之一而把它看成义务的；那么，他所坚持的就完全是他自己内在的感情。他的意思是，他所宣称的一切都出于他本人对这种行为的感受是喜欢或不喜欢，但是，却说不出这是为什么。在这种情况下，他甚至应该这样说：他不会为自己单独赞成的观点寻求一种不正当的影响，即在阐明观点时使用这样一些词语：似乎他在宣示上帝的声音，或者法律的声音，或者人民的声音。

6.现在，我不知道在我们的作者心中，义务一词的含义是上述的哪一种；我不明白，他坚持说制定法律是最高统治者的义务，其全部含义是上述的哪一种。政治义务是那种他们不能受其支配的东西（参看下面的注释）；如果说一种具有这种含义的道德的或宗教的义务对他们来说是义不容辞的，那么，这好像更是一种鲁莽的主张。

我认为，他的意思，不多不少实际上是他应该高兴地看到他们去做他所说的事情，即"制定法律"；也就是，像他自我解释的那样，广泛传播法律的知识。他真会这样吗？我确实会是这样的。如果问为什么是这样，我不知道我们的作者会如何回答。但是，如果问我，我不会感到有困难。我的回答是，因为我相信这是为了社会的利益，因此他们（它的统治者）应该这样做。这足够使我有理由让我坚信自己的意见：他们应该这样做。但是，我无论如何也不会说这样做是他们政治上的义务。我更不敢冒昧地说这是道德上的或者是宗教上的义务，直至我弄清他们自己是否认为这些措施是有用的和可行的，以及人们是否普遍认为他们是这样想的。

假如我弄清楚他们自己是这样想的，那么，我会说，上帝知道他们在做什么。我们假定，如果他们忽视执行这种义务，上帝将惩罚他们。那么，这就是他们的宗教义务。假如我弄清楚，人民认为他们是这样想的，那么，我可以说，在这种情况下，如果发生这种疏忽，人民将会通过以各种方式表达他们的不满，并会惩罚他们。那么，这就是他们的道德义务。

凡是义务必须符合这些含义之一。不可能有更恰当的办法去证明，最高权力实行所说的措施便是它的义务；也不可能证明实行可想象的对社会同样有利的其他措施就是他们的义务。在一篇松散浮夸的长文章中，用这种独断的和傲慢的姿态提出一种措施的建议，是可以宽恕的；但是，在一篇真正教导性的文章中，这样做是绝对不合适的。个人道德行为的模式确实是很多的，它的倾向是如此为人们所知，并如此为人们所接受，以至遵守这些模式足可以称之为义务。但是把这同一个词应用到具体的立法行为的细节上，特别是应用到那些最近被提出的细节上，我想，这未免扯得太远了，而且只会引起混乱。

就完全应该依据法律受到惩罚的话，那么，他们就不会被认为是最高统治者了[①]：最高统治者是这样的一些人，由他们去委任前面所说的应该受到惩罚的那些人。

八

可见，义务一词，如果运用到我们所说的作为最高统治者的那些人身上，很明显，这时所应用的义务一词的含义是象征性的和不恰当的。按这种意义去应用义务一词，从这类命题中总结不出相同的结论来；而如果按另一种正确的意义去应用义务一词，便可以总结出相同的结论。

九

于是，这种解释便被作为前提(我明白我自己是按义务这个词的不适当的含义来应用它的)，这个命题是："尽最大可能把关于他们的意志的知识散布在人民中间，这是立法机关的义务。"我是倾向于无保留地同意此命题的。如果我们的作者的意思是这样的，那我便衷心表示拥护他。

① 我指的是，当他们在一个主体(body)内行动时，他们做了什么，或没做什么。当他们在这个主体之内行动时，他们是最高统治者。因为他们中的任何人，不论是为了什么事情而单独地行动，或者在那些从属的主体中行动，他们中任何人都可能受到惩罚而并不贬低他们的最高地位。他们不但可能受到惩罚，而且他们许多人都受到惩罚，这就是我们每天都看到的情况。

十

我们的作者根据这种看法，希望看到建立起怎样独特的制度，或者，他打算在这种义务的一般标题下，为立法机关寻找怎样独特的义务，这是很不清楚的；虽然，在他的意思能被理解为具有任何意图之前，他的意思表面上看起来应该比它的实际如何更加明确。还有一种情况，使领会他的意思变得更加困难，这就是我们已经不只一次发现的他的反复无常，[①]对于一个真正想了解作者观点的读者来说，没有什么比这更令他烦恼的了。他口里说着义务一词，同时以一位古罗马监察官的身份，带着完全应有的严肃的口吻，开始向我们谈论什么事是应该的。演说到一半，我们的作者像善变的海神普鲁透斯，一下子变成了一位历史学家，不知不觉地改变了话题；他不加提示便作了变动，以告诉我们现实存在的是什么而结束演说。是什么和应该是什么这两点之间，的确像其他人经常看到的那样如此对立，以致主张清静无为的"寂静教"的顺从精神，好像成了我们的作者的气质，使他很难承认两者的区别。在这一段文章的第二句，他说："他们"（指人民）"最好还是从国家"（指统治主体）"意志的宣告中接受指示"。就在下一句中，我们从他那里知道，所谓"最好"，便是国家应该去做的，也正是国家实际所做的。他说："但是，在如此众多的人口中，要对每一个人的每一个特殊行为都发出命令，是不可能的，既然如此，这个国家为了给所有人颁

① 参看前面第 2 章，第 3 节；第 3 章，第 7 节；第 4 章，第 10 节。

布永久性的通知和指示(在各个方面,不论是积极的或消极的义务),便制定了"(确实制定了)"一般性的规则。"(这个国家,一般地说就是任何国家,也就是说一切国家,总之,不论它们实际所制定的是什么。)到此为止,不论我们的作者怎么说,他希望看到国家要做的事情,按照上面的论述,正是国家已经做了的事情。他希望看到我们自己的国家,以及其他任何国家,不去做任何在他所看到的已经做了的事情之外的任何事情;不,在任何情况下,都不能多于它确实要去做的事情:真幸运,他在这里提出的,要他的上级所承担的义务并不很重。可见,他在这一段文章中,完全没有任何明确的指导性的意义;而在外表上,有时候,他几乎达到了这一点。

十一

问题不在于这一段文章是如何绝对的没有意义,问题在于那种只是一味赞美的评论者,用他那善于创造的恳切精神,有可能发现这段文章包含着许多有用的材料。只要粗略地看一下,至少会对他那个传播法律知识的计划表示满意。如果我们的作者的作品不但是神秘的,而且是神圣的;如果这些作品有许多都打上了权威的印记(这种印记是打在那些能够被打上的任何学说之上的);那么我们所读的这些东西便可以作为教科书,从中可以在不作任何没有先例的篡改的情况下推导出采取种种措施的责任——只要有人认为这些措施有益于那种计划。在这段玄妙深奥的文章中,我可以发现它在反复教诲(如果不是在重复同样的音节,至少也是在重复同样的单词):立法义务的许多含义似乎应该有益于领悟和传播的意图。于是,我满怀信心,可以根据“义务”的理由,极力敦促立法机关不容迟缓地把许多既未被想到、也未被注意的复杂的计划付诸实行。我可以用一种权威口气叫他们去工作。我可以吩咐他们立即作出规定,以便把那些尚能找得到的有关过去的法院判例的分散的资料(普通法唯一的而又被忽略了的资料)搜集起来予以公布;以便登记和发布一切未来的判决(当它们出现之后);以便通过整理,把已趋完满的普通法的主要内容改为成文法;以便把全部普通法彻底重新编纂,分成几部法典,或者几个部分(其数目按照涉及的人可以分成多少类别而定);以使每个人都注意并掌握与他有关的法典。公众的需要大声呼唤着这些工作,而专业人士却被这些工作吓得发抖,懒惰成性的立法机关则站在一旁发呆。

十二

我认为,所有这些关于立法系统的重要论点,以及一个勤奋的肯思考的人已经提出的有益于这每一个重要论点的具体的论点,如果有必要,我可以借助于我们的作者玄妙深奥的权威加以坚持。我相信,前面所提到的东西都是必要的,为的是可以让每一个人被告知,在他可以知道而且应该知道的程度上被告知,什么东西(用我们的作者的话)“可以看做自己的,什么东西是别人的;要求他去履行怎样绝对的和怎样相对的义务;什么事被认为是正当的、不正当的或者是无关紧要的;每一个人保留他自然的自由到什么程度;每一个人已经放弃了哪些东西作为社会的福利的代价;每一个人应该抱怎样的态度,有节制地去行使国家分配给他的那些权利,以便促进并保证公共的安宁。”当我要告别我们的作者的时候，我高兴地读完了这段令人愉快的结束语；也许有人仔细读完这段文章之后，会对它感到不完全满意；可是，它会使你听着顺耳，心头发热。

十　三

现在，我要结束这种冗长乏味而又难懂的文字上的论战，这种论战在本书的最后两章中更为突出：词义上的争论，令人非常厌烦，也许读者也感到乏味，但是对作者来说，其吃力和令人厌倦之感是无法形容的。有什么办法可以补救呢？如果他的文章有什么意义，我就要全力研究这种意义；可是我什么也没有发现，除了文字而外。要么我全力研究这些文字，要么就没有什么可研究的。如果这种学说只不过是错误的，那么，去揭露它将会是一件比较容易的事情；但是，它比这点糟得多，它毫无意义；因此，结果是要我付出我在这里已经付出的所有精力；至于这样做有什么好处，可以请读者来判断。

“好啊，”一位反对者会大喊大叫道，“你已经完成了为你自己提出的任务，按照你自己的说法，此书所论并不能给人什么教导；根据你自己的意见，此书不值得花费力气去读。那你为什么对它花费这样大的精力呢？”

我的愿望是，对那种缺乏自信力而一味赞同的研究者，多少做一些教导的工作，但我更希望他不再受骗：提醒他更多地相信自己的能力，而少相信那些名声显赫的人物的一贯正确；帮助他把自己的判断力从权威的束缚中解放出来;让他看到,一篇文章的不可理解既可能是读者的错误,也可能是作者的错误;教会他区别浮夸的语言和可靠的含义;警告他不要只注意文字;告诉他那些听起来悦耳、想起来令人茫然的东西常常是提供不了什么判断的;告诉他,什么事情是我们的作者所能做的和已经做的,以及什么事情是他尚未做的和做不了的;使他宁愿保持无知,也不接受谬误的东西。我希望他看到,我们的作者并不是他应该成为的法律诠释者,但是,我们可以继续期待另一个人。我的反对者说:"那么,谁是另一个人呢? 是你自己吗?"肯定不是我。我的任务已经完成:我已经在他面前铺平了这条道路。

人名译名对照表

（按汉语拼音顺序排列）

A

阿基米德　Archimedes
阿什伯顿　Ashburton
爱德华三世　Edward the Third
爱尔维修　Helvetius
奥多亚塞　Odoacer
奥康内尔　O'Connell
奥斯丁　Austin

B

巴林顿　Barrington
鲍林　Bowring
贝蒂　Beattie
贝卡里亚　Beccaria
波菲利　Porphyry
波洛克　Pollock
博纳　Bonar
伯德特，弗朗西斯　Burdett，Francis
伯克　Burke
伯里克利　Pericles
布莱克斯通，威廉　Blackstone，William
布里索　Brissot
布鲁厄姆　Brougham

C

查理　Charles
查理一世　Charles I
查理五世　the Emperor Charles the Fifth
查理王　King Charles
查里曼大帝　Charlemagne
查士丁　Justin
查士丁尼　Justinian

D

达兰贝尔　D'Alembert
达林　Darling
德·罗米　De Lolme
邓宁　Dunning
迪蒙　Dumont
狄摩西尼　Demosthenes

F

腓特烈二世　Frederic the Second
费奈隆　Fénelon
弗尔诺　Furneaux
福瓦　Foy

G

格罗夫，艾丽西亚　Grove，Alicia

图书在版编目(CIP)数据

政府片论/(英)边沁著;沈叔平等译.—北京:商务印书馆,2017
(汉译世界学术名著丛书:120年纪念版:珍藏本)
ISBN 978-7-100-14481-0

Ⅰ.①政… Ⅱ.①边… ②沈… Ⅲ.①政治哲学—英国—近代 ②政治思想史—英国—近代 Ⅳ.①D095.614

中国版本图书馆CIP数据核字(2017)第153291号

汉译世界学术名著丛书
(120年纪念版·珍藏本)
政府片论
〔英〕边沁 著
沈叔平 等译

商务印书馆出版
(北京王府井大街36号 邮政编码100710)
商务印书馆发行
北京市十月印刷有限公司印刷
ISBN 978-7-100-14481-0

2017年12月第1版 开本710×1000 1/16
2017年12月北京第1次印刷 印张15½
定价:88.00元